Luis Miguel Lalinde González

CHINA Y JAPÓN:
HECHOS HISTÓRICOS QUE MARCARON SUS RELACIONES INTERNACIONALES

 Renacimiento de Asia Oriental XXXII

EDITORIAL COMARES   ●   Granada 2024

EDITORIAL COMARES

RENACIMIENTO DE ASIA ORIENTAL

Director de la colección:

JAVIER MARTÍN RÍOS

http://renacimientodeasiaoriental.blogspot.com.es/

Maquetación: José Antonio Ruiz García

© Luis Miguel Lalinde González

© Editorial Comares, 2024

Polígono Juncaril

C/ Baza, parcela 208

18220 Albolote (Granada)

Teléfono 958 465 382

https://www.comares.com • E-mail: libreriacomares@comares.com
https://www.facebook.com/Comares • https://twitter.com/comareseditor
https://www.instagram.com/editorialcomares

ISBN: 978-84-1369-692-8 • Depósito legal: Gr. 1644/2024

Impresión y encuadernación: Comares

SUMARIO

AGRADECIMIENTOS

Esta obra se basa en buena medida de mi tesis doctoral, por lo que quisiera agradecer en primer lugar la inestimable ayuda que me proporcionaron mis directores, José Miguel Santacreu Soler e Isaac Donoso Jiménez, ambos profesores de la Universidad de Alicante.

Por otro lado, quisiera agradecer a todos los compañeros y amigos que he disfrutado a lo largo de mi vida, tanto académica y existencial, así como en las distintas universidades e institutos en los que he estado. Algo que no expongo expresamente, ya que afortunadamente son muchos y no dispongo de espacio para ello. Pero lo dicho, mi incondicional agradecimiento en todos los sentidos.

Para finalizar, también deseo mostrar mi gratitud al constante apoyo de mi enorme y querida familia, en especial a mi esposa Crista y a mi padre (al que tenemos todos muy presente allá donde esté). Sin ellos nada de esto sería posible y, por esta razón, a todos ellos les dedico este escrito.

TRANSCRIPCIONES

Todos los nombres chinos se han escrito en *pinyin* sin tonos, a excepción de los nombres más utilizados por la historiografía occidental y que emplean el sistema Wade-Giles (ya prácticamente en desuso desde la década de los 80), como por ejemplo el de Chiang Kai-shek (su nombre en *pinyin* es Jiang Jieshi). Tanto en un sistema como en otro, se ha antepuesto el apellido al nombre, como los casos de Xi Jinping o Mao Zedong.

En cuanto a los nombres japoneses, se ha utilizado el sistema *romaji* sin tonos. También se ha antepuesto el apellido al nombre (como por ejemplo Toyotomi Hideyoshi o Tokugawa Ieyasu), hasta las personalidades aparecidas hasta el fin de la Segunda Guerra Mundial. Tras la contienda se ha antepuesto el nombre al apellido fruto de la fuerte occidentalización que ha sufrido el país, así como por el uso más cotidiano de esta fórmula dentro del mundo académico occidental (un ejemplo sería el de Shinzo Abe).

Por último, en la bibliografía se ha antepuesto siempre el apellido al nombre, empleándose el sistema Harvard.

ÍNDICE DE FIGURAS Y TABLAS

LISTA DE SIGLAS, TÉRMINOS Y ABREVIATURAS

ADIZ	Air Defense Identification Zone
APEC	Asia-Pacific Economic Cooperation
ASEAN	Association of Southeast Asian Nations
ASEAN+3	ASEAN más China, Japón y Corea del Sur
BRICS	Brasil, Rusia, India, China y Sudáfrica (países emergentes)
Daimio (大名, daimyo)	Nombre por el que se conocía a los antiguos grandes señores feudales o feudos japoneses
EE.UU. / USA	Estados Unidos
EPL	Ejército Popular de Liberación
Futsu no kuni (ふつの国)	Un país normal
G7	Grupo de los Siete formado por EE.UU., Japón, Alemania, Francia, Gran Bretaña, Italia y Canadá.
Jieitai (自衛隊) /FAD	Fuerzas de Autodefensa
KMT / GMD	Partido Nacionalista Chino
Kokueki (国益)	Interés nacional
Kokutai (国体)	Espíritu o esencia japonesa
Kosenken (交戦権)	Derecho a la beligerancia
MFAPRC	Ministry of Foreign Affairs of the People's Republic of China
MOFA	Ministry of Foreign Affairs (Japón)
OCS / SCO	Organización de Cooperación de Shanghai
ONU / NU	Organización de Naciones Unidas
OMC	Organización Mundial del Comercio
OTAN/NATO	Organización del Tratado del Atlántico Norte
PCCh	Partido Comunista chino
PIB	Producto Interior Bruto
PLD	Partido Liberal Democrático (Japón)

Quad	«Alianza» entre EE.UU., India, Australia y Japón
Rekishinomondai (歴史の問題)	Problema de la Historia
Rekishi ninshiki (歴史認識)	Comprensión de la Historia
RR.II.	Relaciones Internacionales
RPC	República Popular de China
SEATO	Organización del Tratado del Sudeste Asiático
Seirankai (晴嵐会)	Grupo ultranacionalista japonés
TNP	Tratado de No Proliferación Nuclear
Tsutso (通商)	Relaciones con otras naciones de ámbito exclusivamente comercial
Tsutso kokka (通商国家)	Nación comercial
TTP	Acuerdo de Asociación Trans-Pacífico
UE	Unión Europea
UNCLOS	Convención de Naciones Unidas sobre el Derecho del Mar
URSS	Unión de Repúblicas Socialistas Soviéticas
Weltpolitik	Política mundial
Yasashii kuni (優しい国)	País amable
ZEE	Zona Económica Exclusiva

1
INTRODUCCIÓN

La presente monografía se centrará en el estudio de la historia contemporánea de las relaciones internacionales entre China y Japón a partir de la descripción de los distintos episodios o acontecimientos históricos que marcaron a ambos países. Al mismo tiempo, y en base a los diferentes hechos históricos, también se estudiarán sus respectivas relaciones que irán variando como consecuencia de un mundo convulso y cambiante (especialmente con el advenimiento de las potencias occidentales en Asia-Pacífico).

Otro de los motivos del porqué esta obra se sustenta en potenciar el estudio sobre Asia Oriental en la historiografía española y occidental, más centrada en sí misma que en la historia de otros pueblos que están llamados a dirigir el devenir mundial a lo largo del siglo XXI. No en vano, la región de Asia-Pacífico se ha convertido en la zona económica más pujante a nivel global al albergar a grandes potencias, tanto presentes como emergentes[1] que, como decíamos, tendrán buena parte de la batuta de la gobernanza global.

En definitiva, el motivo de estudio de la presente obra de divulgación se sustenta en la falta de bibliografía en el mundo académico hispanohablante. En este sentido, pretendemos vislumbrar la historia y las relaciones internacionales que han girado en torno a China y Japón. Máxime porque estamos ante países que ya marcan y marcarán la Historia del Mundo Actual, y la que está por escribirse, en detrimento de los hasta ahora polos o núcleos de poder que representaban la Unión Europea y Estados Unidos. Por todo ello, entendemos la necesidad de su estudio para acercarnos al nuevo sistema-mundo que está por emerger (Wallerstein, 2010).

---

[1] China, Japón e India ya están entre las cinco grandes economías del mundo en cuanto a PIB nominal, al mismo tiempo que Corea del Sur e Indonesia ocupan la decimotercera y decimosexta posición de dicho ranking. Ello sin contar otros países que a medio y largo plazo también darán mucho de qué hablar como Vietnam y Filipinas, cuyas poblaciones ya superan el centenar de millones de habitantes.

1.1. Delimitación temporal de la obra

En la presente obra haremos un recorrido sobre la historia de las relaciones internacionales entre China y Japón, básicamente desde la Primera Guerra sino-japonesa (1894-1895) hasta la actualidad. Además, también prestaremos atención a las considerables transformaciones geopolíticas que conllevó la caída de la Unión Soviética. No obstante, antes trataremos brevemente los antecedentes históricos que ha habido entre ambos países a lo largo de la historia, desde Kublai Khan[2] (1215-1294) hasta la Edad Contemporánea.

En este sentido, entendemos necesario señalar que hasta la conquista mongola de China por parte de Gengis Khan[3] y, especialmente, con la llegada al poder de su nieto Kublai Khan, las relaciones entre ambos países siempre habían sido amistosas. Es más, durante la dinastía Song (960-1279) floreció una estrecha relación bilateral fomentada en el comercio, a instancias de Taira Kiyomori[4] en las postrimerías del Período Heian (平安時代 *Heian jidai*, del 794 al 1185), y que se reflejó en la literatura, pintura y budismo Zen (Hane, 2010:39).

En esta línea, Japón sentía gran admiración por la refinada y esmerada cultura china, tanto es así que veía y asumía la superioridad de la civilización del Reino del Centro frente a la suya. Por este motivo, Japón copiará y adaptará parte de la tradición cultural china a la propia. Aunque, para ser precisos, esta aculturación la podríamos retrotraer incluso hasta el siglo v[5] siguiendo las obras de *Kojiki*[6]

[2] Kublai Khan (1215-1294), nieto de Gengis Khan, será el fundador de la dinastía Yuan en China y, en relación a Japón, intentó la conquista del archipiélago nipón en dos expediciones (1271 y 1284), con sendos fracasos (Turnbull, 2010:8-9).

[3] También escrito como Gengis Kan (1162-1227), su verdadero nombre era Temuyín, que se traduce como «el mejor acero». Gengis Khan pasará a la historia por unir a las doce tribus mongolas, hasta entonces todas separadas, creando el Imperio mongol que conquistaría buena parte de Asia hasta Europa oriental. Sus sucesores dividirán el imperio en kanatos y su nieto Kublai Khan establecerá la dinastía Yuan en China (Turnbull, 2010:8-9).

[4] También escrito como Taira no Kiyomori (1118-1181), Taira hace referencia a su familia o clan al que pertenece y del cual será uno de sus líderes. Gobernará Japón hasta las Guerras Genpei (1180-1185), donde fue derrotado por el clan Minamoto, liderados por Minamoto Yoritomo (y que tras las citadas guerras será el fundador del Shogunato Kamakura); y, el hermano de este último, el célebre e incluso legendario samurái Minamoto Yoshitsune (Hall, 1970).

[5] En el siglo V los japoneses adoptaron la escritura china, léase los sinogramas o *hanzi* (汉字/漢字, traducido como «carácter han»), que los japoneses denominarán *kanji* (漢字). Dichos caracteres chinos los adaptarán al idioma japonés, que sí conjuga sus verbos a diferencia del mandarín.

[6] El *Kojiki* se puede traducir como *«Anales de hechos antiguos»* (Hall, 1970:21). Esta obra fue escrita, en un complejo japonés, y plagada de palabras chinas, por O No Yasumaro. En ella relata la historia de Japón, con sus narraciones mitológicas, hasta el año 628. Dicha obra está considerada como la monografía más antigua de la cultura japonesa.

(del año 712) y *Nihon shoki*[7] (del año 720), cuando los nipones adaptaron la escritura china o *hanzi* (汉字/漢字, literalmente «carácter han») al idioma japonés, pues este carecía de sistema escrito.

Fig. 1. Gengis Khan, conquistador y fundador del Imperio mongol.
Fuente: Museo Nacional del Palacio en Taipéi.

Sin embargo, esta admiración de los japoneses a «lo chino» se irá perdiendo como veremos con el paso de los siglos y, especialmente, tras el shock que supuso para los nipones la derrota de China en la Primera Guerra del Opio[8] (1839-1842) frente al Imperio británico.

Desde entonces, con el comienzo de la Edad Contemporánea, las relaciones y el cómo se veían el uno y el otro y así mismos, cambió sustancialmente. En esta línea,

---

[7]   *Nihon shoki* se traduce como *«Crónicas de Japón»*, destacando que es la primera vez que aparece el término de «Nipón» (en referencia al País del Sol Naciente), hasta ahora siempre se conocía como Yamato o Wakaku según los historiadores chinos (Kondo, 1999: 63). Estas crónicas son elaboradas por el príncipe Tonen (676-735) y el estadista Fujiwara No Fubito (659-720), estando escritas íntegramente en chino.

[8]   La Primera Guerra del Opio (1839-1842), enfrentó al Imperio chino contra al Imperio británico, fue iniciada por este último para forzar al gigante asiático a abrir su mercado al comercio global con el pretexto de salvaguardar a sus marinos y sus actividades comerciales, léase contrabando, en la provincia de Guangdong (ver apartado 3.1.).

se abrirá una nueva época con grandes contactos, tanto entre ambos países como con las potencias euroamericanas, donde se producirán grandes hechos históricos que marcarán las relaciones internacionales de China y Japón.

De esta forma, la presente obra, no sólo presentará el origen de la rivalidad por el liderazgo de Asia-Pacífico entre ambas potencias asiáticas (capítulo 2), sino que también relatará y describirá los acontecimientos históricos que se producirán en los citados países y que dividiremos en varias etapas: los acaecidos en el siglo XIX (capítulo 3), en la primera mitad del siglo XX (capítulo 4) y desde el final de la Segunda Guerra Mundial hasta el fin de la Guerra Fría (capítulo 5). Todo ello en aras de comprender la dimensión y evolución de las relaciones internacionales de acuerdo a su contexto histórico. Posteriormente, tras el estudio de los capítulos anteriores, se realizará un análisis sobre las relaciones actuales entre Pekín y Tokio tras la desaparición de la Unión Soviética (capítulo 6); y, por último, unas consideraciones finales a modo de conclusión de la presente monografía (capítulo 7).

2

EL ORIGEN DE UNA RIVALIDAD
POR EL LIDERAZGO DE ASIA-PACÍFICO

En cuanto al origen de la rivalidad por la hegemonía regional, en referencia a los antecedentes de las relaciones diplomáticas en la Edad Contemporánea entre China y Japón, podemos citar varios episodios de vital relevancia para el devenir y la confección de la arquitectura regional. En este sentido, a continuación, los detallaremos.

2.1. La dinastía Yuan de Kublai Khan y el shogunato Kamakura de Japón

El primer gran episodio que ha marcado militarmente las relaciones bilaterales fue el intento de conquista por parte del emperador Kublai Khan, primer emperador de la dinastía Yuan, del archipiélago japonés por entonces regido por el Shogunato Kamakura (鎌倉幕府 *Kamakura bakufu*, desde el 1185 hasta 1333). Kublai Khan en 1266, tras haber sometido buena parte de China y Corea, envió mensajeros a Japón con el fin de que dicho territorio fuera un estado tributario. Sin embargo, el regente Hojo Tokimune[9], no sólo rechazó tal exigencia, sino que también despidió rudamente a la mencionada comitiva (Hall, 1970:82-83).

Ante tal acción, Kublai Khan se preparó para la guerra y mandó dos expediciones en 1274[10] y 1281[11], traducidas en sendos fracasos (Turnbull, 2010). Principalmente

---

[9] Se cree que si tales emisarios de la corte de Yuan hubieran ido a hablar con el emperador japonés en Kioto, posiblemente hubieran aceptado ser un Estado vasallo o tributario de China (Hall, 1970:83). Cabe decir que el Clan Hojo poseía la regencia y que el Clan Minamoto durante dicha época mantenía el Shogunato, pero al igual que el emperador no tenían un poder real o efectivo sobre el devenir de los asuntos políticos nipones.

[10] En la expedición de 1274, Kublai Khan enviaría a 30 mil soldados, principalmente mongoles y coreanos, para conquistar el archipiélago japonés. Estos combatientes desembarcaron al norte de la isla de Kyushu, concretamente en las proximidades de Hakata, donde fueron repelidos por las fuerzas niponas; y, para más inri, una tormenta asoló la flota invasora, obligándola a regresar a Corea y ocasionándole grandes pérdidas (Hall, 1970:83).

[11] En la expedición de 1281, Kublai Khan enviará nuevamente un gran ejército para la conquista de Japón. Este estaba compuesto, según las fuentes, por unos 140 mil soldados. Sin embargo, el resultado fue incluso más calamitoso que la empresa anterior. Una gran tormenta acabaría con casi toda la flota (Hall, 1970:83-84).

sonora fue la segunda, con unos 120 mil muertos debido a un tifón, conocido por los japoneses como *Kamikaze* (神風, «vientos divinos»), que destruyó casi por completo a la flota invasora (compuesta por 140 mil soldados y reconocida como la mayor fuerza marítima hasta tiempos modernos). Más allá de la tormenta, también fue un factor clave la preparación japonesa tras el primer intento de conquista por parte del Reino del Centro, en manos de los mongoles, logrando expulsarlos de la isla de Kyushu en la llamada Batalla de Bun'ei (文永の役, *Bun'ei no eki*), también conocida como Primera batalla de la bahía de Hakata. Esta experiencia les servirá para repeler nuevamente a los mongoles y chinos en la ya citada segunda incursión (Hane, 2010:39), al conocer de primera mano la fuerza y tecnología militar de la que disponían las tropas invasoras.

Cabe decir que hubo un tercer intento de conquista por Kublai Khan, como muestra el hecho de que se creó en 1283 un cuartel general con el fin de planear y organizar una tercera expedición. No obstante, tales preparativos nunca se llevaron a cabo a causa de la repentina muerte del emperador de China en 1294.

Con todo, la alerta militar que estableció el clan dirigente de los Hojo[12] se mantuvo hasta 1312. Y, lo más importante, este enfrentamiento que introducía a Japón en la historia global supuso todo un cambio en la mentalidad nipona, puesto que introdujo un motivo de orgullo nacional, pero también un pensamiento de inseguridad y peligro exterior, especialmente entre sus dirigentes (Hall, 1970:84), algo que, obviamente, marcará el devenir de Japón.

Fig. 2. Muralla defensiva en Hakata, donde los japoneses repelen a las tropas mongolas. Fuente: Moko Shurai Ekotoba (蒙古襲来絵詞, Illustrated Account of the Mongol Invasion, en 1293).

---

[12] El clan Hojo gobernó Japón durante el período Kamakura, destacando Hojo Tokimasa, al ser el primer miembro del clan en dirigir los designios de Japón al suceder a Minamoto no Yoritomo (creador y primer shogun del shogunato Kamakura), tras la muerte de este y quien era su suegro.

2.2. La dinastía Ming con los viajes de Zheng He frente a los wako y, posteriormente, el kanpaku Toyotomi Hideyoshi

Más adelante, tras la caída de la dinastía Yuan en 1368, esta será sustituida por un linaje autóctono, la dinastía Ming[13] (明朝, 1368-1644). Este hecho supuso una vuelta a la tradicional política de «puertas adentro» del Imperio chino. Es decir, centrarse más en los asuntos internos que en los externos.

En este sentido, lo más destacable respecto a la política exterior de los Ming serán las expediciones del almirante Zheng He[14], que se piensa que tuvieron como objetivo la legitimación[15] del emperador Yongle[16] (1360-1424). Y es que, como decíamos, fueron toda una anomalía y un paréntesis histórico-político en cuanto al tradicional escaso interés por lo externo a las fronteras chinas.

Sea como fuere, se dio el episodio de tales empresas, con lo se construyó una enorme flota que realizó siete travesías, comprendidas entre los años 1405 y 1433, y que llevaron a Zheng He hasta las islas de Java, Sumatra, Ceilán (actual Sri Lanka), entre otros territorios, hasta el Golfo Pérsico y África oriental (Pelletier, 2011:184-187).

No obstante, pese al éxito de los viajes y la buena predisposición marítima de los barcos chinos, tras la muerte del célebre marino, China se encerrará sobre sí misma. Aunque ello no impedirá que se vea envuelta en guerras o disputas como consecuencia de la creciente amenaza exterior japonesa.

De esta manera, aparecerá un formidable enemigo en el mar de China, concretamente los llamados *wako*, en coreano «los bandidos del país de Wa», en clara referencia a Japón. Si bien en su origen eran japoneses (mayoritariamente *ronin* o «samuráis sin señor»), poco a poco se irán sumando otras nacionalidades. Tanto es así

---

[13] La dinastía Ming sucederá a la dinastía mongola de los Yuan, y será la penúltima dinastía de China (y la última genuinamente de origen chino). Con los Ming se construirá una gran flota y un ejército permanente de aproximadamente un millón de hombres. El emperador Yongle establecerá la capital en Pekín en detrimento de Nankín.

[14] Zheng He (1371-1435), un eunuco musulmán originario de la provincia de Yunnan y cuyo padre había peregrinado a La Meca. Éste navegó hasta Champa (sudeste de Vietnam), Java, Sumatra, Malaca, Ceilán, Calicut (sur de la India), Ormuz, Arabia, llegando incluso a Somalia y Zanzíbar (Frèches, 2006: 286). Todo ello durante siete expediciones, donde una de ellas llegó a tener bajo el mando de Zheng a unos treinta mil hombres, muy por encima de las expediciones portuguesas que se daban por esas fechas y que dan muestra del enorme potencial chino (Coutau-Bégarie, 1990:373).

[15] Estas expediciones tuvieron el fin de legitimar a Yongle que había usurpado el poder tras una guerra civil contra su sobrino el emperador Jianwen (1399-1402). No obstante, esta cuestión es bastante dudosa, por lo que también se sostiene que el objetivo era encontrar nuevos estados tributarios, así como una nueva ruta comercial con Occidente dada la expansión territorial de Tamerlán que ponía en peligro la ruta de la seda por tierra (Folch, 2003:19).

[16] Con Yongle la dinastía Ming alcanzó su apogeo y máxima extensión territorial (Gernet, 2005).

que en la época de la dinastía Ming un 30% de los wako[17] eran japoneses y el resto principalmente chinos. Estos piratas, ejercerán el pillaje y el saqueo en los territorios ribereños del mar de China, logrando tomar algunos puertos de la costa de la provincia de Fujian, en el sureste chino, a mediados del siglo xvi. E incluso como dato significativo llegarán a enfrentarse al Imperio español en varias ocasiones por el dominio de la isla de Luzón en Filipinas, primero frente al pirata Limahon[18] en 1574 y, posteriormente, en 1582 con Tay Fusa[19] en los llamados combates de Cagayán[20].

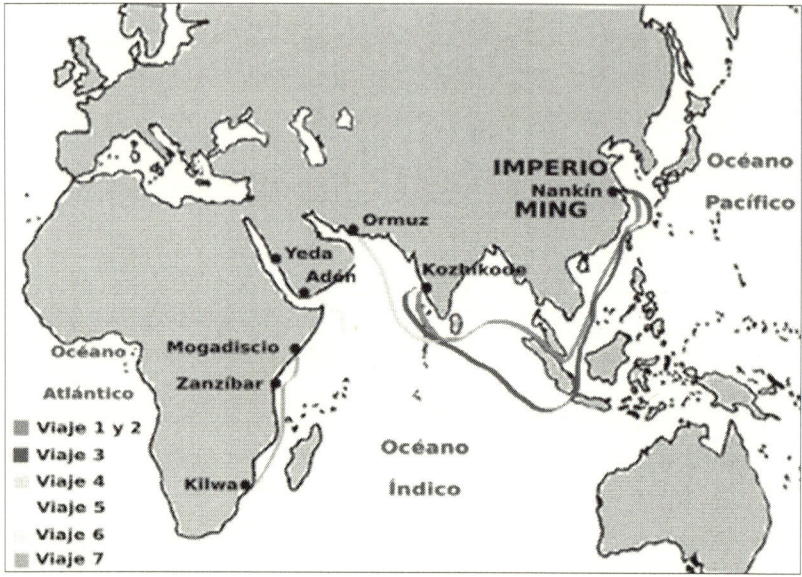

Fig. 3. Los siete viajes de Zheng He entre 1405 y 1433.
Fuente: Elaboración propia en base a Histogeomapas.blogspot.com.

[17] Un apunte destacable sobre los wako sería las referencias de varios autores de estudios islámicos que ligan las islas Waq-Waq, lugar mítico de la geografía islámica y situadas en frente o más al oriente que China, a Japón. No obstante, las fuentes no son nada claras y bien podría ser la propia China o Filipinas las protagonistas de dicha denominación (Donoso, 2011:238-240). Aunque, obviamente, la similitud de los nombres como la situación geográfica establecida por las fuentes invita, cuando menos, a la reflexión sobre si hay una conexión entre ambas concepciones.

[18] Su verdadero nombre es Lin Feng y se le conoce como Limahon precisamente por los españoles que lucharon contra él en el norte de Filipinas. Y es que se trata de un pirata o señor de la guerra chino del siglo xvi que intentó conquistar la Filipinas española en 1574 al mando de una gran flota, formada por unas 60 embarcaciones y aproximadamente 3 mil marinos. Fue derrotado en dicha contienda que marcaría y fortalecería la presencia hispana en el archipiélago filipino.

[19] Tay Fusa fue un pirata de origen chino del siglo xvi, es conocido así por los españoles al liderar una flota de wakos en los llamados combates de Cagayán con el fin de conquistar el norte de Filipinas.

[20] Este enfrentamiento tendrá lugar en 1582, estando los españoles liderados por Juan Pablo de Carrión y los wako por Tay Fusa.

Por otra parte, y mucho más significativo para las relaciones bilaterales, se erigirá como figura clave el kanpaku («regente imperial») Toyotomi Hideyoshi (1536-1598), ya que envió un fuerte ejército a Corea en 1592 con la intención de conquistarla[21]. Ante tal acción acudirá China en auxilio de su vasallo, derrotando a los japoneses. Sin embargo, Hideyoshi no dio su brazo a torcer e intentó nuevamente, a los pocos años de su primer fracaso, la conquista de Corea en 1597-1598, aunque con igual resultado tras el empuje y poderío chino. Tales contiendas sólo finalizaron tras la muerte de Hideyoshi (Franke, H.; Trauzttel, R., 1980:250).

No en vano, en Japón se produjeron luchas internas para conferir su sucesión, tras la Batalla de Sekigahara[22], a la que accedería Tokugawa Ieyasu[23] (1543-1616). Este establecerá el shogunato Tokugawa dando lugar al conocido como Período Edo[24] que se caracterizará, tras la expulsión de los cristianos, por cerrar Japón al contacto exterior (a excepción de los holandeses recluidos en la isla de Dejima y algunos contactos con la corte china, pero sin ninguna pretensión exterior). Ello fue así hasta que el comodoro Matthew C. Perry[25], al mando de una pequeña flota estadounidense, apareciera en la bahía de Tokio en 1853 con la exigencia de que Japón volviera a abrirse de nuevo a los occidentales por medio de la llamada «diplomacia del cañonazo». Este episodio conllevará grandes convulsiones en la sociedad japonesa, que se traducirán en la caída del shogunato, dando fin al Período Edo, y la devolución del poder político al emperador. Este último hecho se lo conoce como la Restauración Meiji.

---

[21]   El ansia nipona de conquistar Corea viene de antaño, teniendo como antecedentes a la legendaria emperatriz Jingu Kogo (170-269 d.C.); pero también, y como vemos, un milenio después con uno de los padres del Japón moderno, Toyotomi Hideyoshi (Anderson, 2002:248-252), que decidió invadirla a finales del s. xvi y cuya expedición le costó la vida.

[22]   La Batalla de Sekigahara (1600) marcó un antes y un después en la Historia de Japón, donde se enfrentarían el clan Tokugawa contra el clan Toyotomi, venciendo el primero dando lugar al shogunato Tokugawa o al llamado Período Edo (1603-1868) (Hall, 1970).

[23]   Tokugawa Ieyasu (1543-1616), junto a Oda Nobunaga y Toyotomi Hideyoshi, está considerado en uno de los «tres padres» del Japón moderno. No en vano, fue uno de los artífices de la unificación del Japón. Tras su victoria en la Batalla de Sekigahara, fundará el shogunato Tokugawa (Hane, 2010).

[24]   El Período Edo (1603-1868), denominado así en honor al topónimo que recibía la actual ciudad de Tokio y que era la capital de dicho shogunato. Este período puso fin a una época convulsa y de guerras civiles y significó la unificación del Japón moderno, durará hasta Restauración Meiji, tras las consecuencias que supuso la llegada del cómodoro Perry. Con ella, el Emperador trasladará su Corte de Kioto a Edo, que pasará a llamarse Tokio y que significa «capital del Este», en contraposición a Kioto, «capital del Oeste» (Reischauer, 1990).

[25]   Matthew C. Perry (1794-1858), fue un destacado militar estadounidense que el 8 de julio de 1853 se presentaría con su flota en Uraga, a las puertas de la Bahía de Tokio, para obligar a Japón a abrirse al comercio estadounidense. Volverá al año siguiente a la Bahía de Tokio para culminar tal fin.

Fig. 4. Representación de Dejima. Es la pequeña isla que aparece
en la parte superior izquierda de la urbe de Nagasaki.
Fuente: Kawahara Keiga[26] (1820).

---

[26] Kawahara Keiga (1786-1860), fue un pintor japonés que pintó, entre otras cosas, la ciudad de Nagasaki, centrándose en la isla de Dejima y los occidentales.

3
HECHOS HISTÓRICOS QUE MARCARON
LAS RELACIONES DE CHINA Y JAPÓN EN EL SIGLO XIX

Adentrándonos más fehacientemente al siglo XIX, este se caracterizará por el abrupto encuentro entre las potencias occidentales y los países de Asia Oriental. En los casos que nos ocupan, China y Japón, este contacto supondrá todo un choque de culturas donde primará la imposición de los primeros sobre los segundos por medio de la fuerza, ya sea en términos de amenaza bélica (Japón) o de la propia guerra en su cruda realidad (China).

3.1. LAS GUERRAS DEL OPIO Y SU SIGNIFICACIÓN PARA JAPÓN

Lo cierto es que, salvo algún hecho histórico puntual ya reseñado, no había una rivalidad fuerte entre China y Japón. Y es que este último asumía la preponderancia y superioridad china y la primera no tenía afán conquistador y, mucho menos, echarse a la mar para tal fin. El caso de Kublai Khan es más bien fruto de su origen mongol, puesto que China se ha caracterizado por ser una potencia terrestre y tradicionalmente siempre se ha cerrado en sí misma, a excepción de los viajes del citado Zheng He (Coutau-Bégarie, 1990:372-373).

No obstante, todo ello cambió con la llegada de las potencias imperialistas europeas y el shock que implicará para la región, especialmente para los japoneses, la derrota incontestable del Imperio chino frente a los entonces «bárbaros» occidentales.

3.1.1. Antecedentes del conflicto

Hacía tiempo que los británicos deseaban abrirse paso en China, siendo un ejemplo de ello el envío de la embajada británica liderada por Lord McCartney[27] en

---

[27] Lord George MacCartney (1737-1806), fue un diplomático británico que pasó a la posteridad por encabezar la embajada británica en 1793 a la corte del emperador Qianlong de la dinastía Qing. Si bien esta

1793 a la corte del emperador Qianlong[28] de la dinastía Qing[29] (1644-1911). Sin embargo, la embajada fue todo un fracaso y, es más, la respuesta a modo de misiva del gobernante Qing al rey Jorge III daba muestra del enorme etnocentrismo que regía en China y el poco interés en los «bárbaros» occidentales y en sus artilugios por parte de China, en palabras textuales del emperador chino (ver anexo 9.3.3.).

> Usted, Rey, vive más allá de los confines de muchos mares, sin embargo, impulsado por su humilde deseo de participar de los beneficios de nuestra civilización, ha despachado una misión para que respetuosamente trajera su memorial [...]
>
> En cuanto a vuestra súplica de enviar a uno de vuestros nacionales para ser acreditado en mi Corte Celeste y tener el control del comercio de vuestro país con China, este pedido es contrario a todas las costumbres de mi dinastía y no hay posibilidad de concederlo [...]
>
> Usted sostiene que su reverencia por nuestra Celeste Dinastía lo llena de deseo de adquirir nuestra civilización, pero nuestras ceremonias y código legal difieren tan completamente de los vuestros que, aún si vuestro enviado fuera apto para adquirir los rudimentos de nuestra civilización, no podría usted trasplantar nuestras maneras y costumbres a vuestro suelo extranjero. Por lo tanto, aún cuando viniera vuestro enviado, nada se ganaría con ello.
>
> Conociendo el vasto mundo, yo tengo solamente un objetivo específico en vista: mantener un gobierno perfecto y cumplir las tareas del estado. Los objetos extraños y costosos no me interesan. Si he ordenado que se acepte el tributo enviado por usted, Rey, fue solamente en consideración al espíritu que lo incitó a despacharlo desde tan lejos. La majestuosa virtud de nuestra dinastía ha penetrado en todos los países bajo el Cielo, y los reyes de todas las naciones han ofrendado sus valiosos tributos transportándolos por tierra y por mar. Como vuestro embajador puede apreciar por sí mismo, nosotros poseemos de todo. Yo no doy valor a los objetos extraños o ingeniosos, y no tengo uso para los productos de vuestro país. Esta es entonces mi respuesta a vuestro pedido de instalar un representante en mi Corte, pedido contrario a nuestras costumbres dinásticas, que únicamente puede resultar en inconvenientes para usted. He expuesto mis opiniones en detalle y ordenado a vuestra embajada de tributo partir en paz de regreso a su país. Si desea, Rey, respetar mis sentimientos y exhibir aún mayor devoción y lealtad

---

fue un absoluto fracaso a causa del rechazo frontal del emperador a las demandas británicas, si sirvió para recopilar información sobre las estructuras defensivas chinas, así como de su cultura e idiosincrasia que varias décadas después servirán para derrotar al gigante asiático en la Primera Guerra del Opio (Gernet, 2005).

[28] El emperador Qianlong (1711-1799) está considerado el último gran emperador de China, durante su mandato (1735-1796) China alcanzó su mayor extensión territorial al conquistar Manchuria, Mongolia y el Tíbet. Al mismo tiempo la población se duplicó, de 150 a 300 millones, debido a la introducción de nuevos alimentos de cultivo como el maíz o el boniato. Además, promoverá las artes como gran admirador de las mismas como demuestra el hecho de que escribiera unos 42 mil poemas y alrededor de 1500 textos de prosa. En resumen, su reinado fue uno de los momentos de mayor apogeo del mundo chino (Gernet, 2005).

[29] La dinastía Qing (1644-1911) fue la última dinastía imperial que gobernó China. Es de origen manchú y destronó del poder a la última dinastía genuinamente china, la dinastía Ming (1368-1644). La caída de los Qing se debió al advenimiento de la República de China a instancias de Sun Yat-sen y el general Yuan Shikai (Fairbank; Twichett, 1978).

en el futuro, hágalo por medio de una sumisión perpetua a nuestro Trono, de allí en más podrá asegurar paz y prosperidad a su país [...]

Usted, Rey, desde la lejanía ha anhelado las bendiciones de nuestra civilización, y en el por ser tocado por nuestra influencia transformadora ha enviado una embajada a través del mar trayendo un memorial. He tomado nota de vuestro respetable espíritu de sumisión, he tratado a vuestra misión con extremo favor y la he colmado de regalos, además de darle un mandato para usted, Rey, y honrarlo con el otorgamiento de valiosos presentes. Así se ha manifestado mi indulgencia (fragmento de la misiva del emperador Qianlong al rey Jorge III, 1793).

Ante tal respuesta, las aspiraciones británicas se vieron sumamente contenidas y quedaron completamente paralizadas como consecuencia de las contiendas napoleónicas que ponían en peligro el devenir de la metrópoli del Imperio británico.

Una vez trascurridos los conflictos europeos, y sabedores de la difícil comercialización con China dada su autosuficiencia, recurrieron al opio extraído en la India para tal fin. Allí lo producían y lo exportaban a China a través de Cantón y la colonia portuguesa de Macao. La balanza comercial entre occidentales y chinos se orientó claramente a favor de los primeros desde 1820, a diferencia de antaño (Gernet, 2005:477). Pero lo más perturbador para la economía del Reino del Centro fue el hecho de que cada vez el consumo del opio iba en aumento, perjudicando la situación del pueblo chino debido a que los ingleses exigían que se comprase en plata, moneda que al mismo tiempo las autoridades de Pekín empleaban para recaudar una parte considerable de los impuestos.

En este sentido, cabe mencionar la importancia que tenía la plata española por medio del Real de a 8, moneda que se empleaba como forma de pago entre las transacciones entre el Imperio chino y el Imperio español a través de las islas Filipinas y de la llamada Nao de China o Galeón de Manila. Y es que China empleaba el Real de a 8 más o menos como moneda de curso legal en su territorio. No en vano, la plata del Real de a 8, especialmente plata de Potosí, tenía una gran pureza y era de gran consideración entre los comerciantes chinos. Así, los españoles ofrecían dicha plata a cambio de seda y porcelana china. No obstante, con la independencia de las colonias americanas la Nao de China desapareció y dicho comercio global se vino abajo (Legarda Jr., 1999). Se cree que el comercio entre unos y otros era tan grande e importante para la economía china, que cuando dicho suministro de plata o de Real de a 8 cesó, conllevó la consiguiente crisis económica china. No en vano, en el siglo XVIII la plata española, con su Real de a 8 o «dólar español», se había erigido de facto en la moneda de curso en China, por medio de resellos chinos sobre la misma (véase fig. 5), y era lo único que interesaba del exterior a las autoridades de la dinastía Qing:

China was and still is the factory to the world. During the Manila galleon trade, however, Chinese products were competing not just on price but also their unsurpassed quality. Consumer-product innovation was mostly an East Asian and largely Chinese monopoly: it was manufacturers in the West —México and then Europe— that copied Asian silks, porcelain, screens, fans and furniture —not the other way around. The China of the sixteenth century looked to the West not for development or investment, but rather for the silver needed for the Chinese money supply (Gordon; Morales, 2017:68-69).

Por esta razón, cuando se cortó el suministro de plata procedente del Galeón de Manila, a pesar de que los impuestos se mantenían estables, *«la presión fiscal relativa para el chino medio aumenta de manera constante, hasta duplicarse entre 1820 y 1845»* (Martínez-Robles; Sasot, 2011a:13). De esta forma, China entraba en decadencia y quedaba a merced del incipiente imperialismo europeo que ansiaba desesperadamente hacerse con el gigantesco mercado chino.

Fig. 5. Real de a 8 con resellos chinos y la efigie de Carlos IV de España (1805)
Fuente: Crónica Numismática.

3.1.2. Guerras del Opio

Este hecho será la principal causa del inicio de la Primera Guerra del Opio[30] en 1839, que tras los sucesivos triunfos británicos y la pretensión de tomar la ciudad de Nanjing, las autoridades chinas se plegaron a negociar la paz. Todo ello se rubricó en el Tratado de Nanjing o Nankín[31] de 1842, que ponía fin al conflicto al ceder China la isla de Hong Kong, sufragar todos los costes de la guerra (incluido el opio destruido en Guangzhou o

---

[30] El *casus belli* fue debido a que el enviado chino a Guangzhou, Lin Tse-hsu, obligó al encargado de negocios inglés, Charles Elliot, a que le entregase todo el opio, así como expulsó a todos los ingleses de la ciudad, viéndose agravado el incidente al salir herido un chino y sacar al resto de británicos de Macao, con lo que los primeros disparos se produjeron meses después por la «injusticia» que le supuso al Gobierno británico (Franke; Trauzttel, 1980:304).

[31] Pero más duro resultó un tratado suplementario de 1843 que Gran Bretaña rubricó como ampliación y ratificación del anterior Tratado de Nanjing, incorporando la «cláusula de la nación más favorecida» (Martínez-Robles; Sasot, 2011a:16).

Cantón) y otras prebendas como la apertura de cinco puertos[32] (Martínez-Robles; Sasot, 2011a:15). A estos primeros tratados se suscribieron el resto de las grandes potencias.

No obstante, aunque el comercio mundial creció sustancialmente tras la incorporación de China, todavía seguía siendo insuficiente para calmar las apetencias del imperialismo occidental, así como cumplir sus expectativas. Dada la actitud desafiante de los altos funcionarios del Gobierno Qing, los acontecimientos condujeron a la Segunda Guerra del Opio (1856-1860). Esta vez a Gran Bretaña le acompañaba Francia, consiguiendo que China firmara el Tratado de Tianjin[33] (1858) y las Convenciones de Pekín[34] (1860). Ambos tratados aumentaban las prebendas de estos países socavando aún más la soberanía china, puesto que se repartían el territorio chino por zonas de influencias entre las distintas potencias[35]. China pasó a ser una «semicolonia», con todas las ventajas que se pueden extraer de una colonia, pero sin ningún coste de mantenimiento (Martínez-Robles; Sasot, 2011a:16-17).

Por otro lado, debemos decir que la victoria resultó mucho más sencilla para las potencias occidentales, dada la gran crisis interna que estaba atravesando el país. Así, durante los años 50 y 60 del s. XIX, China tuvo que hacer frente a una gran serie de revueltas que pusieron en jaque la viabilidad del Imperio Qing. La Rebelión Taiping[36], sin duda, fue el hecho más destacable. Los occidentales, una vez obtenido los objetivos deseados, ayudaron a sofocar esta revuelta para garantizar los derechos adquiridos ante la corte Qing.

Pero, como hemos dicho, la relación entre los problemas exteriores e internos que tuvo que afrontar el Imperio Qing es indiscutible. De hecho, los historiadores chinos lo tienen muy claro utilizando la expresión *neiluan waihuan* 内乱外患 («desordenes interiores y calamidades exteriores»), que explica perfectamente la situación de China en esos momentos (Martínez-Robles, 2007:195).

---

[32]   Se abrirán puertos en las ciudades de Shanghái, Ningbo, Fuzhou, Xiamen y Guangzhou (Martínez-Robles; Sasot, 2011a:15).

[33]   China se comprometía a abrir diez nuevas ciudades a los extranjeros, además de pagar 4 millones de onzas de plata a Reino Unido, y 2 millones a Francia, sumándose a esta última Estados Unidos y Rusia (Frèches, 2006:342).

[34]   Inglaterra obtiene el territorio de Kowloon, entre otras cosas. Además, se establecerá la libertad de culto cristiano en China (Frèches, 2006:346)

[35]   *«No tenían que obedecer las leyes chinas, parecían ciudades internacionales»* (Buckley Ebrey, 2009:309).

[36]   La Rebelión Taiping (1850-1864), fue un movimiento de carácter cristiano que conllevó una guerra civil en China al constituirse el Reino Celestial de la Gran Paz, de carácter teocrático, y que discutía la autoridad del emperador de la corte Qing. Su capital se asentaba en Nankín y dominó la zona central de China en la desembocadura del río Yangsé. El sinólogo David Martínez-Robles describe en su tesis doctoral dicho fenómeno y la repercusión que tuvo este movimiento para que las potencias extranjeras pudieran penetrar tan fácilmente en China: *«La cuestión de las influencias mutuas entre la rebelión de los Taiping y las acciones de las potencias extranjeras contra el Gobierno chino»*(...)*«El cónsul español reconoce la importancia de la rebelión en las victorias occidentales»* (...). *«Este reconocimiento de la importancia de la rebelión de los Taiping es la falta de respuesta militar del gobierno a las agresiones exteriores se aparta sutilmente de la posición contemporánea más generalizada que consistía en reafirmar la superioridad de las potencias occidentales para explicar la facilidad de penetración en el imperio chino»* (Martínez-Robles, 2007:194).

3.1.3. Conclusiones de las Guerras del Opio

En conclusión, las Guerras del Opio y los conflictos sociales que atravesaba el país van de la mano, ya que lo primero fue un factor determinante para fomentar los cimientos del descontento de los campesinos (además de su evidente influencia cristiana) dando lugar a la Rebelión Taiping; y lo segundo debilitó sobremanera al Estado chino, que no pudo hacer frente adecuadamente al peligro británico (Cantón, 2014). Sin embargo, hablando propiamente de las Guerras del Opio, fueron el mecanismo de entrada del imperialismo occidental, el cual venía precedido de la introducción del capitalismo a principios de siglo gracias al propio opio. Estos hechos, en suma, dan muestra de la «barbarie» occidental al declararle la guerra a un Estado que defendía la ley, así como el saqueo realizado más allá del Palacio de Verano (Frèches, 2006:345).

3.2. La Restauración Meiji y el interés japonés por Corea: el *Seikanron*

La pretensión imperialista de la Restauración Meiji viene precedida del contacto fortuito que supuso la llegada del comodoro estadounidense Matthew C. Perry en 1853, así como del resto de potencias. Japón extrajo que debía hacer lo propio para asegurar su posición internacional (Hall, 1970:277).

La primera crisis diplomática que tuvo que afrontar la Restauración fue el *Seikanron*, que trata del debate entre miembros del Gobierno nipón de invadir o no Corea (Anderson, 2002:247), debido a la contrariedad que supuso el no reconocer por las autoridades coreanas al gobierno Meiji y, por consiguiente, al emperador japonés. Y es que en 1868 los coreanos se sintieron ofendidos al anunciar los japoneses que su emperador estaba por encima del suyo y, por tanto, a la misma altura que el emperador chino.

Todo ello llevó a un conflicto diplomático, ya que dicha negativa de Seúl de reconocer inmediatamente al Gobierno Meiji (Hall, 1970:277), se interpretó como motivo suficiente de guerra para algunos altos cargos del gobierno capitaneados por Saigo Takamori[37]. Concretamente en dicha crisis se enfrentaron dos bandos que se conocen como el «partido reformista» compuesto por: Iwakura Tomomi, Kido Takayoshi, Okubo Toshimichi e Ito Hirobumi[38] (miembros de la llamada Misión

---

[37] Saigo Takamori (1828-1877) fue un destacado líder militar y político en la segunda mitad del siglo XIX japonés. Ayudó a acabar con el shogunato Tokugawa, dando lugar a la Restauración Meiji, donde desempeñó posteriormente el papel de *Sanji* o consejero asociado en la Corte Imperial. Sin embargo, con las reformas que relegaban del papel predominante de los samuráis en la sociedad nipona, así como la rápida occidentalización del país, le llevaron a liderar la Rebelión Satsuma de 1877, siendo derrotado por el Ejército Imperial Japonés. Dicha derrota puso totalmente fin a la clase social de los samuráis, por lo que a Saigo Takamori se le considera socialmente como «el último samurái».

[38] Ito Hirobumi (1841-1909) fue el mayor impulsor de la Constitución de 1889, y unos de los principales líderes de gobierno e ideólogo del período Meiji (1868-1912). Éste era miembro del clan Chosu (Delage, 2009:13).

Iwakura); contra el «partido belicista» formado por Saigo Takamori, Itagaki Taisuke, Soejima Taneomi, Eto Shimpei y Goto Shojiro (Mayo, 1972:793).

En este sentido, y como se puede apreciar, el *Seikanron* tuvo un gran impacto dentro del seno de la mencionada oligarquía nipona y, al poco tiempo, propiciaría la salida de Saigo del poder al no conseguir sus propósitos (Beasley, 1995:213).

Fig. 6. Cuadro de Suzuki Toshimoto de 1877, en donde se observa el arduo debate sobre la invasión o no de Corea (*Seikanron*) entre las facciones opuestas de Iwakura y Saigo, que aparecen discutiendo en el centro de la obra.
Fuente: Suzuki Toshimoto.

Por otra parte, más allá del debate de invadir Corea por el honor manchado del emperador, resulta natural la pretensión de Tokio de construir su imperio a costa de Corea[39], puesto que su posesión, siguiendo los postulados del almirante Alfred Mahan[40], potencia la proyección de su poder marítimo[41] en aras de controlar el mar de China y lo que ello acarrea a nivel geopolítico (Mahan, 2007:73). De esta forma,

---

[39] El comodoro John Rodgers de la *American Asiatic Fleet* señaló en 1871 que los japoneses estaban ansiosos por invadir Corea. Por lo que vemos que los coetáneos extranjeros eran conscientes de tal disyuntiva (Mayo, 1972:799).

[40] Alfred Thayer Mahan (1840-1914), fue un militar estadounidense, conocido por su faceta como historiador y estratega naval. Mahan es célebre por su doctrina marítima, donde señalaba la importancia del poder marítimo como fin para lograr la dominación de un territorio. Expuso sus teorías en su obra *Influencia del poder naval en la historia* (Kaplan, 2013:148).

[41] El poder marítimo es la capacidad que ostenta un estado para usar, controlar y proteger todas las acciones y actividades de toda índole de este sobre sus propias aguas y su proyección en alta mar, como tener la posibilidad de impedir que otros estados hagan lo mismo (Mahan, 2007:73).

la pretensión imperialista de la Restauración Meiji viene precedida del contacto fortuito que supuso la llegada del estadounidense Perry en 1853, con sus «naves negras[42]», así como inmediatamente del resto de potencias. De estos contactos con las marinas de las potencias occidentales y sus fines imperialistas, Japón extrajo que debía hacer lo propio para asegurar su posición internacional (Hall, 1970:277) y, en última instancia, su seguridad.

Cuando en 1868 los coreanos se negaron a reconocer al nuevo régimen nipón, algunos dirigentes japoneses vieron en ello una oportunidad de resarcirse de la ver-güenza que había ocasionado la intrusión de Occidente en el país. Fue al mismo tiempo una ocasión de dar salida a la frustración y descontento que estaban susci-tando las reformas[43] que implantaba la Restauración Meiji, especialmente sobre el colectivo samurái[44] (侍), hasta entonces la clase dominante.

Por esta razón, mientras los principales opositores a tal contienda se encontraban en Occidente en la llamada *Misión Iwakura*[45], Saigo Takamori (líder del «partido belicista»), en el verano de 1873, consiguió convencer al Consejo ejecutivo para que lo enviasen a Corea para buscar o provocar un conflicto, según se mire (Beasley, 1995:213). De esta manera, se originaba la susodicha crisis.

---

[42]   Las «naves negras» o «barcos negros» (黒船 *kurofone* en japonés) fue el apelativo con el que deno-minaron los japoneses a los barcos occidentales arribados desde el siglo XVI, pero en especial a la flotilla estadounidense del comodoro Perry que se adentró en la bahía de Tokio. Tenían ese nombre debido a que eran buques con un casco negro, y además en el caso estadounidense, porque sus velas también eran negras debido al carbón que empleaban para alimentar las calderas de sus navíos para su eventual desplazamiento.

[43]   Se establecieron una serie de reformas de corte occidental teniendo como modelo al Imperio ale-mán. Dichas reformas se realizarán en todos los campos, desde el religioso hasta el militar, pasando por lo socio-político (Hall, 1970, 271-275).

[44]   Durante la Restauración Meiji se abolieron los privilegios de los samuráis. Es más, se les prohibía ir con dos espadas, así como Japón establecía un ejército moderno de corte occidental. *«En 1871 se prohibió a los samuráis azotar o matar a personas de otras clases sociales que les faltasen el respeto. Con ello se consiguió introducir, al menos de jure, un cierto grado de igualdad social, y el Estado monopolizó el ejercicio de la fuerza. Siguiendo esta misma línea en 1876, tras la abolición de los privilegios que permitían portar una trenza, un apellido y determinadas prendas de vestir, los ex samuráis fueron privados del derecho de portar dos espadas, último símbolo de su antigua posición de poder»* (Schwentker, 2006:146).

[45]   La *Misión Iwakura* (1871-1873), tenía como principal objetivo renegociar los tratados desiguales con las potencias occidentales, lo cual fue un tremendo fracaso. No así, el estudio de Europa y USA, o la contratación de especialistas destinados a desarrollar y favorecer el crecimiento y desarrollo económico de Japón, sumando al hecho de que con ellos viajaban estudiantes cuya finalidad era formarse en Occidente para el mismo propósito. Dicha misión regresará por las noticias de la tremenda crisis que sacudía al país por el *Seikanron*, adelantándose Kido y Okubo para detener la propuesta de invasión de Corea (Collcutt; Jansen; Kumakura, 1992:180).

Fig. 7. Cuadro de Saigo Takamori.
Fuente: Ishikawa Shizumasa[46].

No obstante, a pesar del enérgico apoyo de Saigo para castigar la afrenta de una nación «menor», con el regreso de Iwakura, Kido y Okubo, se impuso la sensatez y la altura de miras sobre los retos que debía afrontar Japón. Y es que estos, tras comprobar el desarrollo tecnológico que disfrutaba Occidente, entendieron que, si querían posicionar a Japón en un trato de igualdad con estas naciones, era prioritario emplear los recursos económicos en la batería de reformas que llevasen a tal fin. De esta manera, para ellos, claramente la guerra con Corea suponía todo un retroceso para la «empresa nacional», así como veían en el conflicto con Corea todo un peligro de cara a las potencias occidentales, que podrían aprovecharse de tal situación para aumentar su influencia en la zona.

Sin embargo, tales argumentos no fueron suficientes para convencer a Saigo Takamori y sus partidarios, por lo que el «partido reformista» (liderados por Iwakura), se inclinó por la intriga para desactivar tales preceptos. Para lograrlo, Iwakura se ganó el

---

[46] Ishikawa Shizumasa (1848-1925), fue un pintor japonés que fue discípulo del propio Saigo Takamori en el arte de la guerra o en el camino del guerrero (*bushido*).

favor del Emperador; mientras Kido y Okubo presionaron a los funcionarios samuráis para que les siguieran sino querían ver como estos dos abandonaban el Gobierno. Y los tres, en su conjunto, efectuaron tal presión ante Sanjo Sanetomi (jefe nominal del Gobierno), que casi lo precipitan hacia un colapso mental. Y gracias a ello, Iwakura tomó su cargo, que junto al apoyo de Kido y Okubo consiguieron *«recomendar que la aprobación definitiva del Emperador fuera retirada de la política acordada ese año»* (Beasley, 1995:214).

De todas formas, esto no significaba la renuncia de una política imperialista[47], ni mucho menos, tan solo un paréntesis hasta tener las herramientas adecuadas para poder realizarla de una forma óptima. Y ya en 1876 los japoneses optaron por emplear la misma táctica cañonera que los occidentales les hicieron en 1853. El resultado fue el Tratado de la isla de Ganghwa, que establecía la apertura del comercio japonés en la península coreana, pero que también excluía a Corea de la influencia china, al dotarle de una cláusula de independencia externa (Hall, 1970:277). Con ello ya comenzaba a vislumbrarse la voz de un nuevo actor regional.

En definitiva, el *Seikanron* fue un conflicto causado por el choque de dos análisis sustentados en diferentes racionalidades (en términos de Weber[48]); es decir, entre una facción que empleaba argumentos de carácter «feudal», deseando una invasión al instante (ejemplificado en Saigo), y otra que usaba la razón para estar en contra de esta, a corto plazo, dada las repercusiones que podría tener para Japón, así como entendía que ello no era la prioridad para asegurar el status independiente de Japón. Lo primero era crear las herramientas para poder garantizar su imperialismo y, de este modo, un gran imperio en Asia Oriental (Lee, 1994:106-113). Como finalmente así fue, ejemplificado en las guerras de 1895 y 1905 y que más adelante detallaremos.

3.3. LA CUESTIÓN DE COREA EN LA EDAD CONTEMPORÁNEA PARA CHINA Y JAPÓN

Ciertamente, Corea ha ejercido como estado tapón entre China y Japón a lo largo de la historia, teniendo un papel de vital importancia para las relaciones de sendos países, ya que era el nexo de unión entre ambas civilizaciones y servía de intermediario comercial y político. Pero no será hasta la Edad Contemporánea cuando alcance

---

[47] Según Wallerstein, el ascenso del capitalismo fue desde siempre un asunto de economía mundial, y por tanto no de Estado-nación, por lo que el imperialismo japonés fue un claro reflejo de su proceso de introducción en el sistema mundial. Asimismo, el prestigioso japonólogo Marius B. Jansen, señala que Japón deseaba su propio territorio para poder desarrollarse. Aunque algunos investigadores, como Mayo, tildan a su imperialismo como «autodefensivo» dado el shock que le había supuesto la derrota China durante las Guerras del Opio frente a los occidentales (Lee, 1994:99-100).

[48] Para Weber resulta preciso que hayan transcurrido tres generaciones para lograr un cambio casi total de la mentalidad de una sociedad sobre un determinado tema. Y es que entre la primera y la tercera generación habrá una generación de transición que hará de bisagra sobre ambas cosmovisiones o mentalidades acerca de la concepción de la realidad.

un gran valor geopolítico para la seguridad de Japón, especialmente por el auge del imperialismo europeo ya descrito, así como la idea embrionaria de crear su propia zona de influencia o, salvando las distancias, su espacio vital.

En esta línea, a finales del siglo XIX habrá una serie de acontecimientos que marcarán la posición de Japón sobre Corea y que chocará con los intereses chinos en la península.

3.3.1. El Incidente de Ganghwa

El primer episodio de gran envergadura tras el *Seikanron*, como decíamos, será el conocido como Incidente de Ganghwa[49] y que estará íntimamente ligado a él. Y es que Tokio no había olvidado en absoluto la afrenta que había significado la no aceptación por parte de Seúl, una «nación menor» a ojos nipones, de que el emperador japonés era un igual ante su homólogo chino y superior respecto al coreano.

En septiembre de 1875, el Gobierno japonés envió un cañonero denominado *Un'yo* a Corea, emulando así la «diplomacia del cañonazo» que EE.UU. había infligido unas décadas antes a la propia Japón. Este buque de guerra, mientras atracaba en la isla de Ganghwa[50] para avituallarse, fue atacado sin previo aviso por una serie de baterías coreanas. Las fuerzas japonesas respondieron, primero abriendo fuego contra las citadas baterías y, seguidamente, desembarcando y disparando contra los soldados coreanos; causando la muerte a 35 de ellos además de la derrota de Joseon.

Finalmente, el 27 de febrero de 1876, tras esclarecerse el origen de tal agresión nipona, los coreanos redactaron una propuesta de tratado, donde se disculpaban por lo acaecido y abrían Corea al comercio japonés tal y como exigía la contraparte japonesa. De esta forma, se firmaba el Tratado de la isla de Ganghwa y, en consecuencia, el inicio del imperialismo japonés sobre la península coreana (Holcombe, 2016:279-280).

3.3.2. El Incidente de Imo: la crisis de 1882 y la intromisión china en Corea

Otro momento a destacar fue el Incidente de Imo. En 1881 el rey Gojong contrató los servicios de Horimito Reizo, un asesor japonés, para modernizar su ejército dada su admiración por el enorme desarrollo tecnológico que estaba experimentando el Japón Meiji. En este sentido, si bien el adiestramiento de las fuerzas coreanas se estaba dando de manera idónea, no fue así su paga, debiéndosele unos

---

[49] Conocido en Corea como Incidente de la Isla de Ganghwa y en Japón como la Batalla de Ganghwa, será un pequeño conflicto armado entre el Japón Meiji y la Corea de Joseon acaecido el 20 de septiembre de 1875 (Holcombe, 2016:279-280).

[50] Se trata de una isla situada en el mar Amarillo, concretamente en la parte oeste de Corea y muy cercana a Seúl. Es un punto estratégico al erigirse como trampolín para poder efectuar incursiones de castigo o de conquista en la península coreana como hará Japón y Estados Unidos en época contemporánea.

trece meses de salario en arroz. Cuando el rey se percató de ello, dio la orden a Min Gyeom-ho de pagar tales retrasos, pero este, a su vez, encomendó la tarea a su mayordomo que se quedó con el arroz y pagó a la soldadesca con mijo mezclado con arena.

Ante tal perjuicio, el 23 de julio de 1882, las tropas coreanas iniciaron un motín, asesinando a Min Gyeom-ho, a Horimoto, así como a todo nipón perteneciente a la embajada japonesa[51]. Finalmente, el alzamiento fue disuelto, pero las relaciones con Japón se vieron seriamente dañadas por este incidente. Tanto fue así, que Corea hizo venir a asesores chinos para que continuaran con la modernización de sus tropas. Algo que aprovechó la corte Qing para recobrar el dominio sobre Joseon y que se tradujo en el Tratado China-Corea de 1882, donde Corea se definía como un país dependiente de China y autorizaba a los chinos a comerciar libremente por la península coreana (Holcombe, 2016:280).

3.3.3. El Golpe de Estado Gapsin

En 1884, mientras China se encontraba en guerra con Francia[52], algunos rebeldes liderados por Kim Ok-gyun, y partidarios del acercamiento con Japón, aprovecharon la situación para dar un golpe de Estado contra el Gobierno proclive a China, y cuyos miembros estaban fuertemente influenciados por la prochina reina Min[53]. En este sentido, cuando el rey Gojong se encontraba en un convite para celebrar la inauguración de una oficina de correos, Kim Ok-gyun se abalanzó sobre el rey y le dijo que los chinos estaban causando problemas y que le siguiera a un lugar seguro, concretamente al palacio real y bajo la protección de la delegación japonesa. Al mismo tiempo, asesinaron a los miembros del Gobierno coreano que se encontraban en dicho banquete y asumieron las riendas del gobierno durante unos días, promulgando catorce directrices en nombre del rey en aras de romper los lazos con la corte Qing. El golpe llegó a su fin gracias a la reina Min, al aglutinar sus propias fuerzas y solicitar la intervención militar china que envió quince mil hombres al mando del general Yuan Shikai[54]. Estas fuerzas, enseguida liberaron al rey Gojong de su cautiverio y pusieron

---

[51] La legación japonesa encabezada por el ministro de Corea, Hanabusa Yoshitada, evacuó la embajada nipona y mientras huían hacia el puerto de Incheon, seis japoneses fallecieron y otros cinco resultaron gravemente heridos, hasta que lograron subirse a un barco de investigación británico, el *Flying Fish*, que les llevó hasta Nagasaki para lograr huir de tal persecución (Hane, 2010).

[52] Ambos países luchaban por su influencia en Vietnam y en el golfo de Tonkín en la llamada Guerra franco-china (1884-1885).

[53] La reina Min (1851-1895), cuyo verdadero nombre es Myeongseong, jugó un papel crucial para evitar que Japón se hiciera con Corea al pedir constantemente ayuda a chinos y rusos para evitar tal pretensión. No obstante, será asesinada por los japoneses que no tardarán en aumentar su influencia en la corte de Joseon para, posteriormente, hacerse con Corea tras vencer a chinos y rusos respectivamente.

[54] Yuan Shikai fue un prestigioso general de la Corte Qing que lideró la campaña china en Corea en 1884, posteriormente fue nombrado presidente para reafirmar la República de China, pero *«en un intento*

fin al golpe (exiliándose Kim Ok-gyun y otros instigadores a Japón), pero también mataron a cuarenta soldados japoneses e incendiaron la embajada japonesa.

Esto último causó una gran controversia entre las relaciones de China y Japón, que no fue a más debido a que sus diferencias quedaron más o menos resueltas a través de la llamada Convención de Tianjin[55] de 1885. Dicha convención, liderada por Li Hongzhang[56] e Ito Hirobumi, obviamente tenía como fin normalizar las relaciones bilaterales con el establecimiento de una serie de pautas que ambas partes se comprometían a seguir: la primera, sacar al mismo tiempo las tropas enviadas a Corea por los citados incidentes; la segunda, no enviar asesores para formar al ejército coreano; y, por último, comunicar de antemano a la contraparte de cualquier envío de tropas a Corea (Hane, 2010:153).

3.3.4. La Rebelión Donghak: preámbulo de la guerra entre China y Japón

En febrero de 1894 se da la Rebelión Donghak, protagonizada por campesinos que se rebelaron por la fuerte carga fiscal a la que se estaban viendo sometidos. Cuando la rebelión se estaba extendiendo por buena parte de Corea, la reina Min convenció a su marido para pedir ayuda militar a China. En este sentido, Li Hongzhang envió de nuevo al general Yuan Shikai para sofocar dicha rebelión con un contingente de 2800 hombres. No obstante, según las autoridades niponas, China se saltó la Convención de Tianjin al informarles del envío de dichas tropas con tres días de retraso. Por ello, el gabinete Meiji decidió hacer lo propio y mandó un fuerte destacamento para salvaguardar sus intereses en la península coreana.

Como vemos, se da el caldo de cultivo para un conflicto al haber dos ejércitos extranjeros en Corea, sólo faltaba la mecha que hiciera estallar ese polvorín y se dio con el asesinato de Kim Ok-gyun en Shanghái, líder del golpe de Estado de Gapsin que había tenido lugar justo una década antes. Kim Ok-gyun todavía se encontraba refugiado en Japón, concretamente vivía en Sapporo (capital de la isla de Hokkaido) y había adoptado el nombre de Iwata Shusaku. Si ya antes era un claro simpatizante

---

de prestigiar su figura y de afianzar la unidad nacional, en 1915 emprendió una campaña para restaurar la monarquía, que culminó en su proclamación como emperador»(…)«Las provincias del sur se rebelaron y se declararon independientes». En 1916 morirá, pero dejando un golpe de muerte a la República dada las reformas que debilitaban el poder del Parlamento y el Gobierno, hecho que les impedía poner freno a las ansias de los caudillos que aparecieron (Martínez-Robles; Sasot, 2011b:9-10).

[55] También conocida como Convención de Tientsin o Convención Li-Ito por quienes lideraban ambas delegaciones (Hane, 2010:153).

[56] Li Hongzhang (1823-1901) fue uno de los protagonistas del Movimiento de Occidentalización del Imperio chino, modernizando el país en varios campos y destacado por ser el impulsor del Departamento de Marina y de la Flota del Norte (*Beiyang*). Asimismo, fue Ministro de Asuntos Exteriores y su figura se ha visto empañada por ser el que firmó varios tratados humillantes con las potencias occidentales y Japón (Ramírez, 2018:67).

de la causa nipona en Corea, aún lo era más tras ese período de aculturación de «lo japonés», y así lo percibía la propia Japón imperial que había rechazado todas las demandas de Joseon para extraditarlo a Seúl. Sin embargo, a pesar de que Kim era reclamado por las autoridades coreanas, cuando Li Hongzhang le propuso un encuentro en Shanghái no pudo rechazar tal petición. De esta forma, cuando Kim llegó a Shanghái fue asesinado por un coreano (Hong Jong-u) mientras se encontraba en una posada japonesa en un enclave internacional. Ante tal hecho, las autoridades chinas trasladaron el cuerpo a Corea, a bordo de un buque de guerra, donde lo despedazaron y llevaron sus restos por varias ciudades coreanas a modo de advertencia contra otros rebeldes contrarios a la causa de China en el reino de Joseon (Holcombe, 2016:282).

Por su parte, Japón interpretó este gesto como una ofensa o humillación a su dignidad y relevancia regional. De ahí que, desde entonces, iniciara sus preparativos para una guerra, no sólo enviando más tropas a Corea, sino comprando carbón a los británicos y solicitando créditos para financiar la contienda. Mientras tanto, China, de la mano de Li Hongzhang, no sólo no se preparaba para la guerra, sino que buscaba reconducir las relaciones bilaterales por medio del arbitraje de Gran Bretaña y Rusia. Sus esfuerzos por solventar la situación cayeron en saco roto, dando lugar a la Primera Guerra sino-japonesa.

3.4. LA PRIMERA GUERRA SINO-JAPONESA (1894-1895)

La Primera Guerra sino-japonesa o Guerra sino-japonesa (甲午战争 *jiawu zhanzheng*, en chino; 日清戦争 *nisshinsenso*, en japonés), comenzó el primero de agosto de 1894 y duró formalmente hasta el 17 de abril de 1895. Este conflicto armado entre China y Japón, regidos por el emperador Guangxu[57] y la emperatriz viuda Cixi[58] de

---

[57] El emperador Guangxu (1871-1908), apenas pudo gobernar por sí mismo, ya sea porque era demasiado joven y la regencia la ostentaba Cixi; o bien, cuando era mayor debido a que se le arrebató el poder al iniciar la Reforma de los Cien días en 1898. Dicha reforma, que pondrá fin a su gobierno, se inició con el propósito de modernizar China siguiendo el ejemplo de Japón. No obstante, como indica su nombre, la mencionada iniciativa fracasó estrepitosamente y sólo duró 100 días como consecuencia del golpe de Estado de Cixi, en ese mismo año, para volver a la senda tradicional del gobierno de los Qing. Desde entonces, Guangxu fue arrestado en su hogar hasta su fallecimiento en 1908. Dicha muerte, se cree que fue envenenado por orden de la emperatriz Cixi, que estaba a punto de fallecer y no deseaba que Guangxu ostentase el trono, eligiendo para su sucesión al emperador Puyi y que será el último emperador de China (Fairbank, 1990).

[58] La emperatriz Cixi (1835-1908) reinó en el Imperio chino durante cuarenta y siete años, desde 1861 hasta 1908. Llegó al poder al ser la viuda del emperador Xianfeng, erigiéndose como regente durante el reinado de su hijo, el emperador Tongzhi (1861-1875); y tras la muerte de este, durante el reinado de su sobrino Guangxu (1875-1908). Su reinado marcó el declive de la dinastía Qing, especialmente tras la Rebelión de los bóxers que ella alentó y apoyó con funestas consecuencias para la permanencia del Imperio y, especialmente, por evitar todo tipo de conato de modernización del Estado y la economía china a excepción de sus políticas de Defensa en aras de construir una armada que, a las primeras de cambio, fue aplastada por la Armada Imperial Japonesa en la Primera Guerra sino-japonesa (Gernet, 2005).

la dinastía Qing y el emperador Meiji respectivamente, se basa como hemos visto en la pugna por el control de la península coreana. En este sentido, en aquel entonces, Corea continuaba siendo un tradicional vasallo del Imperio chino, sustentado en su estatus de estado tributario de la corte Qing. Sin embargo, Tokio quería acabar con tal dominio y ansiaba Corea para sí misma (Kim, 2017:148-149).

Con las desavenencias e incidentes descritos anteriormente, era cuestión de tiempo que ambos países entraran en conflicto debido a las crecientes fuerzas que tenían asentadas en la península coreana. De esta forma, el 25 de julio de 1894, la Armada Imperial Japonesa, sin previo aviso a la China de la dinastía Qing, atacó y hundió al navío de guerra *Gaosheng*, causando la muerte de unos mil soldados chinos que habían sido destinados a Corea para defender la soberanía del rey Gojong. Con este hecho se iniciaría de facto la guerra, aunque formalmente será el 1 de agosto cuando el príncipe Taewon, pro-japonés y pretendiente al trono de Joseon, pidió oficialmente la intervención japonesa ante la preponderancia china, sintiéndose legitimado Tokio a realizar una guerra formal contra China por sus aspiraciones en la península coreana (Ramírez, 2018:80).

La contienda enseguida se decantó para los intereses japoneses, los cuales vencieron en una correlación de batallas como las de Seonghwan o Pyongyang, como también la del río Yalu y, principalmente y ya en suelo chino, en lo que se conoce como la masacre de Port Arthur (actual ciudad de Dalian). En esta última estaba una de las bases de la flota de *Beiyang* (literalmente «Flota del Océano Norte», pero más conocida como Flota del Mar del Norte o Flota del Norte) y en noviembre de 1894 los japoneses al mando del general Yamaji Motoharu tomaron la plaza, no sin antes realizar una auténtica masacre sobre los militares y civiles chinos afincados en la urbe como castigo por haber mutilado o quemado vivos a los soldados japoneses que previamente habían sido tomados como prisioneros[59].

Si la toma de Port Arthur fue clave, con la destrucción de la armada china, también lo fue la incursión de las tropas niponas en Manchuria en dirección a Pekín. En este sentido, se tomó el enclave de Weihaiwei[60], que representó la última gran batalla de la contienda (Martínez-Robles; Sasot, 2011b:31).

Y es que, ante las continuas victorias de las fuerzas japonesas y su imparable avance, que ya amenazaba hasta la propia Pekín (e incluso el devenir de la dinastía

---

[59] El ejército chino había cercenado las manos y los pies a los soldados japoneses que habían sido capturados. Cuando el Ejército Imperial Japonés llegó a Port Arthur y presenció tal escena, se armó en cólera y realizó todo tipo de crímenes contra todo chino que se cruzara en el saco de la ciudad.

[60] Weihaiwei era una zona ubicada en la parte noreste de la provincia de Shandong, concretamente en la costa y donde se afincaba la principal base de la flota china de *Beiyang* (concretamente la base central de la citada armada se hallaba en la isla Liugong, situada en la desembocadura de la bahía de Weihai). Desde 1898 hasta 1930 será una concesión en manos del Imperio británico. Actualmente, se encuentra la ciudad de Weihai, con una extensión administrativa más diminuta que la anterior.

Qing), el 17 de abril de 1895, China, de la mano de su ministro de asuntos exteriores Li Hongzhang y ante su homologo Ito Hirobumi, firmaría su rendición en el Tratado de Shimonoseki que ponía fin a la Primera Guerra sino-japonesa (Ramírez, 2018:81). Con este tratado Tokio adquiría Taiwán, Pescadores y la península de Liaoning (perdida tras la Triple Intervención[61]), incrementando su poder marítimo, como también lograba alejar a China de Corea.

Finalmente, esta victoria espoleó sobremanera el nacionalismo japonés y rubricó la nueva etapa en las relaciones internacionales de Japón, iniciada en 1894, que culminaría una década después con la victoria ante la Rusia zarista en la Guerra ruso-japonesa (Hall, 1970:278). Japón ya se veía y se erigía como una gran potencia y con pleno derecho a poder ser imperialista y, por tanto, repartirse el mundo con el resto de las grandes potencias occidentales. Es más, comenzaba a emerger el sentimiento nacionalista de expulsar a los occidentales de Asia-Pacífico y situar a la región bajo su liderazgo (Pareja, 2010:248).

Fig. 8. Obra de Toyohara Chikanobu (1894), representa la escena
de una batalla de la Primera Guerra sino-japonesa.
Fuente: Toyohara Chikanobu[62].

---

[61]   La península de Liaoning no la adquirirá Japón por la intervención de varias potencias occidentales, lideradas por Rusia y Alemania, añadiéndose Francia con lo que se conoce como Triple Intervención (Beasley, 1995).

[62]   Toyohara Chikanobu (1838-1912), pintor de época Meiji que se caracterizó precisamente por las obras de dicha temática, así como acontecimientos bélicos y leyendas de la mitología nipona.

4
HECHOS HISTÓRICOS QUE MARCARON
LAS RELACIONES DE CHINA Y JAPÓN (1900-1945)

Seguidamente, tras la derrota de los chinos en la Primera Guerra sino-japonesa, los nipones aumentaron considerablemente sus injerencias en el continente asiático y, por ende, en los asuntos chinos. No en vano, veremos cómo en la primera mitad del siglo xx se darán distintos acontecimientos históricos que irán en aras de fortalecer la posición del Imperio japonés en Asia-Pacífico en detrimento de China. Todo ello reforzado con la idea de que los japoneses deberían liderar dicha región en el concierto del orden internacional.

4.1. La Rebelión de los bóxers

Un ejemplo de la consolidación de esa mentalidad de gran potencia se observaría en su papel durante la Rebelión de los bóxers, donde tomó parte junto al resto de potencias occidentales y cuyo acontecimiento marcó el principio del fin de la dinastía Qing y el total declive de la independencia o soberanía china.

4.1.1. Antecedentes de los bóxers: el odio hacia el occidental

Desde finales del siglo xix emergió un gran sentimiento de odio hacia los occidentales debido a las consecuencias de los «tratados desiguales», donde los extranjeros, y especialmente los misioneros cristianos, gozaban de grandes privilegios respecto a los autóctonos chinos. Tanto es así, que los misioneros se aprovechaban de tal estatus para tomar fincas, viviendas y templos, así como empleaban su influencia para proteger a los cristianos y recientes conversos incluso ante las mismas leyes chinas[63]. De hecho, el agravio comparativo era tan grande que el número de conversos crecía de manera exponencial a causa de las prebendas que dicha posición concedía. Además,

---

[63] Es más, no era para nada extraño que los misioneros cristianos les arrebataran a los conversos chinos su jurisdicción local (Franke; Trauzttel, 1980:324).

para más inri, comenzaron a aflorar innumerables relatos sobre crímenes y fechorías perpetrados por los extranjeros que no recibían castigo o sanción alguna como consecuencia de su privilegiado estatus (Ramírez, 2018:88-89).

Ante el malestar contra lo occidental, comienza a surgir un movimiento popular que se ve refrendado cuando Alemania exigió en 1897 la entrega de la península de Shandong para establecer una base naval en la ciudad de Qingdao, y cuya petición asumía que era un «pago» justo tras su intervención en el Tratado de Shimonoseki, donde impidió que Japón arrebatara también la península de Liaoning a los chinos. China se negó y Alemania destinó varias cañoneras a sus costas esperando el momento de poder atacar al llamado Reino del Centro. Ese momento llegó el 1 de noviembre cuando dos misioneros alemanes fueron asesinados en Shandong (el llamado Incidente de Juye), que se tradujo con la intervención alemana sobre la provincia. Al poco tiempo, Alemania se hizo con el puerto de Qingdao[64] y sus aledaños en marzo de 1898.

De esta manera, Alemania iniciaba un nuevo camino para lograr concesiones territoriales chinas sin necesidad de llegar a un conflicto a gran escala como las anteriores potencias. Tanto es así, que enseguida otras potencias hicieron lo propio: Rusia se adueñó de Porh Arthur, Reino Unido de Weihai y Francia de Zhanjiang. Ante tales acciones Pekín no podía hacer nada, lo cual, como decíamos, espoleó aún más el sentimiento anti-occidental dando lugar a la creación de la sociedad *Yihetuan*, como se llamaban a sí mismos y que se puede traducir como «Sociedad de la Justicia y la Armonía» o «los que luchan con los puños por la justicia». Sin embargo, los corresponsales británicos abreviarán el término a *bóxer* (Ramírez, 2018:89-90).

4.1.2. La Rebelión de los bóxers: el asedio a las embajadas durante 55 días en Pekín

En cuanto a los bóxers, cabe decir que se trataba de un movimiento claramente singular, puesto que algunos de sus miembros afirmaban ser inmunes a las espadas y a las balas, así como señalaban que gozaban del favor de protectores o espíritus extraídos de la religión y las novelas o representaciones populares. Si bien carecían de una dirección unificada, tenían su fuerza en la gran capacidad de captación de agricultores a su causa como consecuencia de las inundaciones y sequías que sufrió Shandong en aquellas fechas. Dichas calamidades hicieron reclamar el fin de los privilegios que atesoraban los misioneros cristianos y los conversos chinos. Al no ser escuchadas sus demandas, a principios de 1899 comenzaron a destruir y a sustraer las propiedades de los citados colectivos en los lindes que separaban las provincias de Shandong y Hebei.

---

[64]   Qingdao es una ciudad costera china en la provincia de Shandong, que destaca por su enorme puerto y por ser una de las ciudades gobernadas por una potencia extranjera. Fue cedida a Alemania en 1898 hasta que en 1914 fue ocupada por los japoneses, por el inicio de la Primera Guerra Mundial, retornando su soberanía a Pekín en 1922.

En este sentido, los extranjeros demandaron a las autoridades Qing que aplastaran la rebelión de los bóxers, pero lejos de eso, la corte miró hacia otro lado. También porque los propios bóxers apoyaban a la dinastía con cánticos o rimas populares como «*Reavivad a los Qing, destruid al extranjero*» (Spence, 2011:338), convirtiéndose en todo un lema o grito de guerra.

A inicios de junio de 1900 los bóxers ya eran un grandísimo número que iba creciendo a marchas forzadas mientras se dirigían a Pekín y Tianjin. Una vez llegados a tales ciudades empezaron a hostigar a los occidentales, especialmente en Pekín. Por este motivo, el comandante en jefe de la base británica de Tianjin, Edward Seymour, inició el 10 de junio su marcha hacia la capital para poner fin a tales hostigamientos. Sin embargo, al poco de emprender su andadura por la vía del ferrocarril, fue detenido por los bóxers secundados por el ejército chino. Esto último supuso la caída del príncipe Ching, ministro de asuntos exteriores y de cariz pro-occidental, a favor del príncipe Duan, con un claro perfil xenófobo (Ramírez, 2018:89). Ahora bien, todavía poderosos líderes provinciales, entre ellos el propio Li Hongzhang, dudaban de emprender una guerra contra los occidentales, dudas que la propia corte Qing y la emperatriz Cixi compartían (Spence, 2011:339).

Igualmente, el 16 de junio el príncipe Duan mantuvo una reunión con los principales líderes del imperio en la capital china, donde se conjuraron para la guerra (Ramírez, 2018:92), pero sin declararla al ser una prerrogativa de la emperatriz. Al mismo tiempo, el 17 de junio las tropas conjuntas de ocho naciones tomaron los fuertes asentados en Dagu con el fin de dar cobertura a un desembarco de tropas por si se diera un conflicto armado de considerables magnitudes. Si bien las hostilidades fueron notorias, la guerra no se dio formalmente hasta dos días después con el asesinato del embajador alemán, el barón Klemens Von Ketteler[65], y el cerco por parte de los bóxers al barrio donde se afincaban las distintas embajadas extranjeras. Finalmente, después de varios titubeos, el 21 de junio Cixi declaraba la guerra a las potencias occidentales (Spence, 2011:339-340), con estas palabras:

> Los extranjeros han sido agresivos para con nosotros, han violado nuestra integridad territorial, han pisoteado a nuestro pueblo… Oprimen a nuestro pueblo y blasfeman contra nuestros dioses. El pueblo llano sufre mucho a manos [de los extranjeros], y todo el mundo quiere vengarse. Por esta razón los bravos seguidores de los bóxers han estado quemando iglesias y matando cristianos (Emperatriz Cixi en 1900, fragmento extraído de Spence, 2011).

Con esta declaración, ahora sí, la emperatriz se posicionaba claramente del lado de los bóxers. Ante ello, los extranjeros se aglutinaron en una zona defensiva que se basaba en gran medida en las embajadas de Gran Bretaña, EE.UU.[66], Rusia, Japón

---

[65] El barón Klemens Von Ketteler (1853-1900) fue embajador alemán en Pekín, cuyo asesinato por los bóxers propició que la Alianza de las ocho naciones declarase la guerra al Imperio Qing (Spence, 2011).

[66] EE.UU., durante la presidencia de McKinley, puso el foco en la escena internacional y, más concretamente, en Asia-Pacífico (tras la conquista de los territorios españoles en el Caribe y Filipinas). De

y Alemania; y en la suma de barricadas improvisadas compuestas por todo tipo de muebles o materiales que sirvieran para contener a las fuerzas de los bóxers. Si los bóxers hubieran estado más o menos coordinados o hubiera participado el ejército chino, posiblemente, los extranjeros no hubieran conseguido detener la acometida. Pero con tiempo y organización las potencias occidentales realizaron una defensa formidable que, a la postre, resistiría en los tan célebres 55 días en Pekín (Gernet, 2005).

4.1.3. El fin de la Rebelión y el llamado Protocolo Bóxer

Una vez iniciada formalmente la contienda, las potencias imperialistas formalizaron su unión frente al Imperio chino en la llamada Alianza de las ocho naciones[67]. Y mientras las delegaciones extranjeras aguantaban el envite de los bóxers, un considerable contingente de tropas, unos 54 mil soldados mayoritariamente japoneses, partió hacia Pekín en su auxilio liderados por el embajador y coronel británico Claude Maxwell MacDonald[68] y el coronel japonés Shiba Goro[69]. Su llegada a Pekín se produjo el 14 de agosto y, como decíamos, ponía fin a un sitio de 55 días que se inició el 20 de junio (Ramírez, 2018:92).

El 15 de agosto la emperatriz Cixi y el emperador Guangxu se refugiaron en Xi'an. Nuevamente, sería Li Hongzhang el encargado de negociar la derrota y el consiguiente tratado de paz. De esta forma, tras un año de deliberaciones, en septiembre de 1901 se firmó el Protocolo Bóxer[70], conocido por la historiografía china como Protocolo de 1901. En dicho documento, una vez más, se humillaba a China siendo de facto, otro tratado desigual (Spence, 2011:340-341).

---

acuerdo a esa pretensión de incrementar su presencia en la región, cuando se inició la rebelión de los bóxers, Washington enviará barcos y soldados con el fin de defender e implementar su posición e influencia en el mercado chino (Elizalde, 2011:24).

[67] Esta alianza estaba compuesta por: Gran Bretaña, EE.UU., Rusia, Japón, Alemania, Francia, Austria e Italia.

[68] Claude Maxwell MacDonald (1852-1915), fue un diplomático y militar británico, con el rango de coronel, que ejerció como embajador en China (1896-1898), Corea (1898-1900) y Japón (1900-1905). MacDonald, junto al coronel japonés Shiba Goro, lideró la defensa de las delegaciones extranjeras durante la Rebelión de los bóxers en Pekín.

[69] Shiba Goro (1860-1945), fue un militar japonés que, junto al diplomático Claude Maxwell Mac-Donald, lideró la defensa de las delegaciones extranjeras durante la Rebelión de los bóxers con el entonces rango de coronel, aunque se retiraría con el rango de general tras sumar su participación en la Guerra Ruso-japonesa y Primera Guerra Mundial, a las ya acontecidas Primera Guerra sino-japonesa o la señalada rebelión en China (Hane, 2010).

[70] El Protocolo Bóxer conllevó la obligatoriedad de una indemnización que ascendía a prácticamente el doble de las recaudaciones fiscales de la dinastía Qing. Además, ante tal derrota, hasta la propia emperatriz Cixi reconocía la necesidad de que China iniciara el camino de la modernidad, como así fue, aunque ya demasiado tarde para el devenir de su dinastía (Holcombe, 2016:276).

Fig. 9. Ataque de las tropas aliadas al castillo de Pekín en 1900.
Fuente: Biblioteca del Congreso de Estados Unidos.

Esta derrota debilitó sobremanera a China de cara al exterior, acelerando la desunión de los territorios chinos y, por ende, la caída de la dinastía Qing. La República
de China se establecerá el 1 de enero de 1912 en Nankín y cuyo presidente provisional será el activista Sun Yat-sen[71]. No se terminará oficialmente con el régimen
imperial hasta la abdicación del emperador Puyi[72], el 12 de febrero de ese mismo año,
y tras garantizar Yuan Shikai[73], el encargado de formar un gobierno republicano, que

[71]   Sun Yat-sen (1866-1925) fue un político chino que logró, desde su exilio en Japón, liderar un
movimiento contrario a la dinastía Qing. Este movimiento finalmente se tradujo en la Revolución de Xinhai
y, por ende, en el advenimiento de la República de China en 1912 y del que Sun será su primer presidente
de manera provisional hasta que cedió su presidencia al general Yuan Shikai en aras de salvaguardar el nuevo
régimen de China (Fairbank; Goldman, 1999).
[72]   El emperador Puyi (1906-1967), perteneciente a la dinastía Qing, fue el último emperador del
Imperio chino tras el advenimiento de la República de China en 1912. En 1934 los japoneses, que habían
tomado Manchuria, le nombraron emperador de dicho territorio, que ahora se conocía como Manchukuo,
hasta el final de la Segunda Guerra Mundial. Una vez finalizada la guerra vivió en Pekín como un ciudadano
más al servicio del Partido Comunista Chino (Gernet, 2005).
[73]   Yuan Shikai (1859-1916), fue un destacado general de la dinastía Qing, especialmente por sus
campañas en Corea en 1884. Sin embargo, en las postrimerías del imperio, traicionó a la dinastía manchú

la familia imperial podía seguir residiendo en la Ciudad Prohibida bajo la manutención del erario público (Spence, 2011:377).

4.2. LA PRIMERA GUERRA MUNDIAL EN ASIA-PACÍFICO Y LAS «VEINTIUNA EXIGENCIAS» DE JAPÓN SOBRE CHINA

Una vez establecida la República, la situación de China de cara al exterior tampoco cambió en exceso, incluida sus relaciones con Japón. Es más, si hubo un cambio fue a peor porque la vorágine imperialista era aún mayor y la centralidad del poder chino, incluidas sus fuerzas militares, se encontraban en entredicho.

En este contexto, y en relación a ese apetito expansionista de las grandes potencias, se dio la Primera Guerra Mundial (1914-1918). Si bien en un principio fue una oportunidad para China debido a que Gran Bretaña, Alemania, Francia y Rusia destinaban sus esfuerzos a Europa y otros lares adyacentes al teatro principal de las operaciones bélicas, enseguida se vio que dicha oportunidad no llegaría muy lejos a causa de la persistencia e intromisión de Tokio en los asuntos chinos. De este modo Japón, como aliado del Imperio británico desde 1902, atacó la concesión alemana en Shandong nada más iniciarse la Gran Guerra en agosto de 1914 (Spence, 2011:397). Y, por si el expansionismo japonés no era evidente sobre su interés en subyugar al Reino del Centro, en enero de 1915 presentaron las humillantes «Veintiuna exigencias[74]» al Gobierno chino capitaneado por Yuan Shikai, quien ya ejercía prácticamente como un dictador (Ramírez, 2018:126-127).

Yuan Shikai, a medida que su prestigio iba decayendo, se volvió más intransigente y censor contra todo aquello que socavase su autoridad o popularidad. En pocas palabras, sus críticos o detractores eran hostigados y silenciados de acuerdo a la retahíla de normas de censura que se establecieron a los periódicos y publicaciones a lo largo de 1914. Por otro lado, Yuan Shikai empezó a construir una serie de mecanismos que apuntalasen su posición en el poder. Un ejemplo de ello era el empleo del confucionismo como religión oficial del estado (con la búsqueda de lealtad de los

---

con el fin de albergar la presidencia del nuevo régimen que se estaba instaurando a instancias de Sun Yat-sen, la República de China. Finalmente, accedió a la presidencia, pero al poco tiempo, no satisfecho con ello, se autoproclamó emperador a finales de 1915, lo que le canjeó el descontento de la población y la sublevación de varios gobernadores que serán el germen de los futuros señores de la guerra. Fallecerá en 1916 cuando prácticamente había perdido de facto el control de China (Spence, 2011:397).

[74] El Imperio japonés en 1915 impuso a la China de Yuan Shikai una serie de demandas conocidas por las Veintiuna exigencias dado su número. En ellas China se plegaba a las exigencias de Tokio y se sometía en cierta medida a su control en detrimento de los intereses del resto de potencias imperialistas. Estas exigencias provocarán un gran auge del sentimiento anti-japonés en la sociedad china al romperse por completo la imagen de Japón como liberador de Asia ante el imperialismo occidental. El ejemplo más claro y palpable de todo ello será el posterior surgimiento, tras el Tratado de Versalles, del Movimiento del Cuatro de Mayo (Beasley, 1995).

súbditos para con su soberano en aras de la «armonía[75]»), así como la adopción de ritos o símbolos propios de los Qing y, sobre todo, acordes a la figura del emperador. Tanto es así, que sobre esto último hizo correr el rumor, a finales de 1915, de que el pueblo chino deseaba restaurar la institución imperial.

De esta forma, al poco tiempo se convocó una asamblea representativa para dirimir si Yuan Shikai sería proclamado emperador[76]. La votación salió favorable al líder chino y el 1 de enero de 1916 se estableció de nuevo el imperio. No obstante, inmediatamente empezaron a salir detractores a este nombramiento, hasta el punto de que muchos de los correligionarios de Yuan Shikai dejaron de apoyarle, incluso en las filas del ejército. Es más, se produjeron grandes protestas a lo largo y ancho del país y, lo más importante y devastador para China, los jefes militares de las provincias de Yunnan, Guizhou y Guangxi declararon la independencia de sus respectivas provincias. Ante tal situación de derrumbe del Estado chino, Yuan Shikai rectificó en marzo de 1916, comunicando la abolición de la monarquía. Sin embargo, ya era demasiado tarde y su «estatus» socio-político era repudiado por buena parte de la población y los líderes chinos, por lo que estos últimos aprovecharon la situación para continuar declarando sus respectivas provincias como independientes. Finalmente, en junio de 1916, Yuan Shikai fallecerá de uremia y le sucederá el vicepresidente Li Yuanhong que heredará una China rota por todos los costados y acechada por las potencias imperialistas (Spence, 2011:397-398).

4.3. EL PERÍODO DE ENTREGUERRAS. LOS SEÑORES DE LA GUERRA EN CHINA Y LA MAYOR INTROMISIÓN JAPONESA EN LOS ASUNTOS CHINOS

Con la muerte de Yuan Shikai se abría una década, de 1916 a 1926, de gran inestabilidad y convulsiones en China. Sin Yuan Shikai los gobernadores militares (*dujun* en chino) tenían el camino despejado para poder ejercer como auténticos señores de la guerra. De esta forma, tales líderes provinciales se dotaron a sí mismos con plenos poderes y desempeñarían una función similar a la de un señor feudal, siendo su feudo la propia provincia china (Ramírez, 2018: 129).

Li Yuanhong no era capaz de imponer la autoridad de Pekín sobre las provincias declaradas independientes, algo que se vio incrementado con el golpe de Estado

---

[75] La «armonía» es un concepto confuciano de vital importancia, ya que sin ella no hay estabilidad y sin estabilidad es imposible que un individuo pueda desarrollar su «humanidad» (人 *ren*, «persona» en chino). Esto último es lo más importante de la filosofía confuciana, siendo el eje central y razón de ser de la misma. De ahí la relevancia de la «armonía», ya que el *ren* es la principal virtud confuciana por la que giran el resto de virtudes y, al mismo tiempo, se encuentra interrelacionada a ellas. En resumen, no es posible desarrollar la humanidad sin armonía y viceversa (Confucio, 2009).

[76] Su reinado como emperador tan sólo durará ochenta y tres días debido a la gran contrariedad y malestar que supuso para la sociedad china tal nombramiento.

fallido por parte del general Zhang Xun[77], en 1917, que pretendía volver a instaurar a la dinastía Qing al proclamar a Puyi como emperador de China tras tomar Pekín. No obstante, otros generales lograron reducir a sus fuerzas y acabar con dicha restauración de la institución imperial. Eso sí, como decíamos, fue la puntilla para acabar con el reducido poder central que aún atesoraba el Estado chino.

4.3.1. Los señores de la guerra en China

Ante la debilidad de Pekín, como exponíamos anteriormente, emergieron los señores de la guerra[78] (*junfa* en chino), en un primer momento en las provincias del sur al estar alejadas de la capital (Martínez-Robles; Sasot, 2011b:9-10). Pero a medida que pasaba el tiempo y la debilidad de Pekín cada vez era más palmaria se fue extendiendo por casi todo el país. En un primer momento, muchos de los señores de la guerra provenían del ejército o eran protegidos del difunto Yuan Shikai. Su poder fue heterogéneo entre ellos, pues unos gobernaban sobre toda una provincia, un ejército permanente propio y se financiaban con una hacienda propia sobre dicho territorio bajo su mando. Además, otros eran leales a una República plenamente constitucional, otros a Sun Yat-sen y el Guomindang, entre otras posturas. No obstante, lo destacable en las relaciones internacionales eran aquellos señores de la guerra supeditados o incluso al servicio de potencias extranjeras, de los cuales Japón también tendrá a su propio servidor (Spence, 2011:400).

En este sentido, podemos afirmar que China se divide de acuerdo a las alianzas entre los señores de la guerra y las influencias extranjeras. Así, en Manchuria, bajo la influencia japonesa, su líder militar será Zhang Zuolin, jefe de la camarilla de Fengtian. En la China central y en la provincia suroriental de Fujian emergerán los líderes Duan Qirui y Xu Shuzheng, que someterán dicha zona con el apoyo de Japón, recibiendo el primero una gran financiación por parte de Tokio en 1918 con los llamados préstamos Nishihara. A ellos se les conoce como la camarilla del Anfu (por los primeros caracteres de Anhui-Fujian).

Frente a la parte influenciada por Japón, tenemos también la zona bajo influencia británica, el valle del río Yangtsé, donde se erige la camarilla del Zhili bajo el liderazgo de Cao Kun y Wu Peifu. Además, obviamente, Londres tenía muy presente el devenir del sur de China por medio de su colonia, Hong Kong. En menor medida, Francia

---

[77] Zhang Xun (1854-1923) fue un destacado general al servicio de la dinastía Qing y de Yuan Shikai. Será conocido por haber arrebatado al Guomindang la ciudad de Nankín en 1913 y por la brutal represión y saqueo que su ejército ejerció sobre dicha urbe. Además, y más importante, por intentar restaurar la corona del emperador Puyi en 1917 (Spence, 2011:399).

[78] Mantenían bajo su control extensos territorios, dotándolos de una administración civil (Martínez-Robles; Sasot, 2011b:17).

continúa intentando entrar en suelo chino a través de su colonia de Indochina[79]. De este modo, se canjeará el favor de Tang Jiyao en aras de prolongar su poder sobre la provincia de Yunnan (Gernet, 2005:555).

Todos estos señores de la guerra, según sus camarillas emprenderán luchas con las otras camarillas, siendo una de las más destacadas la de julio de 1920, cuando las camarillas de Fengtian y Zhili acaban con la camarilla de Anfu. En este sentido, quedarán estas dos camarillas que serán influenciadas y orientadas por Japón y Gran Bretaña respectivamente.

No obstante, estas tensiones poco a poco irán mermando gracias al gran impulso centralizador de Sun Yat-sen y su partido el Guomindang. Sun aprovechará la inmensa conmoción que había supuesto el Movimiento del Cuatro de Mayo[80] de 1919, como consecuencia del gran descontento ocasionado por el Tratado de Versalles[81] redactado a favor de Japón en detrimento de China[82], e intentará hacerse con el control de su provincia natal Guangdong (Cantón). Si bien en un primer momento fracasará, posteriormente y con la ayuda de la Unión Soviética, donde unos meses antes había enviado a su lugarteniente Chiang Kai-shek[83] (Jiang Jieshi en *pinyin*) para formarse en el Ejército Rojo, logrará hacerse fuerte en Guangdong y desde allí organizará y adiestrará[84] a las fuerzas nacionalistas del Guomindang. Desde dicha provincia, como decíamos, el Guomindang se fortalecerá, y Sun buscará los medios y las alianzas que permitan recentralizar de nuevo el Estado chino. En este sentido,

[79] Indochina es el nombre de la colonia francesa que estaba conformada por los actuales Estados de Vietnam, Laos y Camboya. Estos Estados surgirán tras el proceso de descolonización de los años 50.

[80] El gran sentimiento anti-japonés surgido tras las Veintiuna exigencias de 1915 se acentuó cuando en el Tratado de Versalles no se dio recompensa a los enormes esfuerzos de la población china para facilitar la victoria de los Aliados frente a las Potencias Centrales durante la Primera Guerra Mundial. Y es que las colonias o concesiones alemanas en China fueron a parar a Tokio en vez de a Pekín. Ello se tradujo en los Movimientos del Cuatro de Mayo de 1919 en la Plaza de Tiananmen con el objeto de satisfacer las demandas chinas (Beasley, 1995).

[81] El Tratado de Versalles fue rubricado el 28 de junio de 1919 y ponía oficialmente fin a la Primera Guerra Mundial, donde los Aliados habían vencido a las Potencias Centrales. Estas últimas sufrieron sanciones desproporcionadas que permitirán, posteriormente, crear un sentimiento de agravio en Alemania. Este agravio será aprovechado por Adolf Hitler como «caldo de cultivo» para el ascenso y establecimiento del nazismo en el poder.

[82] Las concesiones que poseía Alemania en territorio chino fueron dadas a Japón en vez de a China que había aportado una inconmensurable mano de obra a Francia para fabricar material de guerra. Se calcula que cien mil chinos, entre ellos el posterior primer ministro Zhou Enlai, fueron a trabajar en distintas fábricas a favor de los aliados (Hall, 1970).

[83] Chiang Kai-shek (1887-1975). Líder del Partido Nacionalista tras Sun Yat-sen, liderará la China continental hasta ser derrotado por el PCCh de Mao Zedong en 1949, refugiándose con sus fuerzas en Taiwán y ejerciendo de dictador como presidente de la República de China hasta su muerte en 1975.

[84] Se creará la academia militar Huangpu (Whampoa), con el asesoramiento de militares soviéticos, en mayo de 1924 a las afueras de Cantón (Gernet, 2005:557).

emergerá un nuevo señor de la guerra en el norte de China, Feng Yuxiang[85]. Sun irá a Pekín en busca de una alianza en aras de sus objetivos nacionales. No obstante, al poco de llegar a Pekín fallece el 12 de marzo de 1925 (Gernet, 2005:556). A Sun le sucederá su lugarteniente y cuñado, Chiang Kai-shek (fig. 10).

Fig. 10. Chiang Kai-shek.
Fuente: Datos Biblioteca Nacional de España.

4.3.2. **La Expedición al Norte y el fin de los señores de la guerra**

En 1926 los nacionalistas pondrán fin a una década en la que China era gobernada por los señores de la guerra tras la muerte de Yuan Shikai. Estos ejercían un poder plenamente autónomo de Pekín, habiendo guerras internas entre ellos o dedicándose

---

[85]   Feng Yuxiang (1880-1948) será un señor de la guerra que tomará Pekín en octubre de 1924 y que se caracteriza por ser un general cristiano (Gernet, 2005:557).

al comercio del opio, además del establecimiento de impuestos desiguales que gravaban la situación del campesinado, lo que incluso se tradujo en hambrunas. Mientras tanto, las grandes potencias continuaron aumentando sus privilegios como consecuencia de la manifiesta debilidad del poder central. Algo que no se comenzará a cambiar hasta 1928 con la fortaleza de los nacionalistas, gracias a la Expedición al Norte (*beifa*) iniciada en 1926 de la mano de Chiang Kai-shek con la connivencia de los comunistas[86].

El Guomindang contará con 85 mil soldados y 6 mil oficiales instruidos en la academia Huangpu (creada con el soporte soviético) y con una estructura similar a las academias militares de Alemania y la URSS (Shambaugh, 2002:15). Estas fuerzas, como decíamos, llevan a cabo la llamada Expedición al Norte en julio de 1926 a la cual aspiraba desde hacía años Sun Yat-sen. Además, este ejército se asociará con destacados señores de la guerra (que como pago o agradecimiento a los servicios prestados algunos serán nombrados ministros de la República de China), como también contará con la adhesión de ejércitos locales, siendo tomado el bajo Yangtsé en febrero-marzo de 1927 (Gernet, 2005:557).

Ciertamente, esta expedición, pone en alerta a los occidentales, ya que tanto unos como otros culpan de la precaria situación de China a la intromisión de los «diablos extranjeros». Reciben así la orden de no contraatacar a los chinos para no aunar en el odio hacia ellos. Y es que en 1925 falleció Sun Yat-sen de una enfermedad cuando intentaba llegar a un acuerdo con los señores de la guerra, sucediéndole el ya citado Chiang Kai-shek en el Guomindang. Al poco tiempo, el 25 de mayo de 1925 tuvo lugar un incidente en Shanghái que resultó determinante para que las fuerzas antiimperialistas chinas estrecharan aún más sus lazos, a causa de los disparos de la policía de la concesión internacional sobre unos manifestantes chinos que protestaban sobre los privilegios de los extranjeros en la urbe. Dicho caldo de cultivo se extendió por todas las grandes ciudades, fraguando e iniciándose una ola de huelgas y boicots por toda China y aglutinando, como hemos dicho, a todas las fuerzas antiimperialistas, incluyendo a algunos señores de la guerra. Esto provocó que Chiang se sintiera lo bastante fortalecido para iniciar la decisiva Expedición al Norte (Martínez-Robles; Sasot, 2011b:21).

Esta expedición se tradujo en una pronta «recuperación» de las provincias del sur, pero también significó el quebrantamiento de la unión del Guomindang que, tras la muerte de Sun, era ciertamente testimonial. Además, en 1927 se inició una dura represión contra los comunistas[87], contando con el apoyo de los industriales, las

---

[86] «En 1922 el Partido Comunista fijó como objetivo buscar la unión con los grupos democráticos de China para luchar contra el imperialismo y el feudalismo [...] culminó en 1923 con la proclamación de una alianza formal entre el Kuomintang y el Partido Comunista de China» (Martínez-Robles; Sasot, 2011b:21).

[87] Chiang Kai-shek «seguro del apoyo de la gran burguesía de negocios china en Shanghai, ligada a los intereses extranjeros, rompe con la facción del Guomindang instalada en Wuhan, en el medio Yangzi, y ahoga en sangre, el 12 de abril de 1927, la insurrección popular que se había desencadenado en Shanghai ante la proximidad de los ejércitos del Guomindang» (Gernet, 2005:557).

mafias y, paradójicamente, con las potencias occidentales, todos deseosos de mantener la actividad empresarial. La Expedición al Norte prosiguió con su andadura, hasta que se proclamó un gobierno nacional con sede en Nankín a su llegada a Pekín en 1928 (Martínez-Robles; Sasot, 2011b:22). Este gobierno será apoyado por las potencias extranjeras debido a la seguridad que transmitirá el nuevo régimen ante los deseos revolucionarios de los comunistas (Gernet, 2005:557).

Finalmente, la Expedición al Norte significó la instauración de una cierta centralidad en el Estado chino que había sido discutida en la última década como consecuencia del poderío de los señores de la guerra. Una vez que estos fueron en gran medida controlados, así como eliminadas las voces disidentes del Guomindang y diezmado las fuerzas comunistas, Chiang Kai-shek pudo ejercer el poder, casi despóticamente, sobre los designios chinos. En definitiva, estos hechos marcarían la primera mitad del siglo xx chino, como también estarán presentes en la segunda mitad de la misma centuria a la hora de comprender su política interna y sus relaciones con el exterior, especialmente con Taiwán, que será la heredera directa de estos planteamientos. No en vano, el mismo Chiang Kai-shek será su presidente de 1950 a 1975.

4.3.3. **La Década de Nankín (1927-1937)**

Con la reunificación del poder en China, tras la Expedición del Norte, se abre un nuevo período en China conocido como la Década de Nankín debido a que Chiang Kai-shek traslada la capital a dicha urbe. Chiang se ganará el favor de las potencias extranjeras, logrando ayudas para el equilibrio económico chino en aras de lograr la estabilidad social del gigante asiático. Tanto es así, que Chiang entre 1928 y 1931 logrará disminuir las cláusulas de los tratados desiguales, como por ejemplo la reducción de la concesión de puertos abiertos, que le permitirán recaudar más fondos gracias a las aduanas marítimas (Gernet, 2005:558).

También hay que decir que se canjeó el favor de las potencias occidentales, puesto que tras el éxito de la Expedición del Norte puso su foco en el Partido Comunista Chino fundado en 1921. En este sentido, en 1927 Chiang perseguirá al PCCh, todavía pequeño en número, asestando un gran golpe a su centro neurálgico en Shanghái y expulsándolo de las grandes ciudades (Ramírez, 2018: 150-151). Chiang tendrá como cierto referente a nivel internacional los fascismos acaecidos en Italia, Alemania y, especialmente, la propia Japón. Por otro lado, al igual que Yuan Shikai, empleará el confucionismo como pensamiento para apuntalar su régimen, de la mano de lo que se conocerá como el «Movimiento de la Vida Nueva» (新生活運動 *Xinshenghuo yudong*, en chino), y donde los «Camisas Azules» harán de policía política para preservar los citados valores morales frente a liberales o comunistas (léase, los enemigos del régimen autoritario de Chiang) (Gernet, 2005:558).

Los comunistas, tras una serie de duras derrotas efectuarán el llamado «Levantamiento de Nanchang», en agosto de 1927, logrando controlar dicha ciudad durante un brevísimo tiempo. Y es que Chiang Kai-shek actuó fuerte e inmediatamente para expulsar a los insurgentes entre los que se encontraba Zhou Enlai, Zhu De, He Long, Ye Ting y Liu Bocheng que lideraban el citado alzamiento. Si bien este intento fue un fracaso para el PCCh, sirvió para que los revolucionarios huidos a Guangdong fundaran el Ejército Popular de Liberación. Además, el día 7 del mismo mes, el Comité Central del PCCh realizó una conferencia de emergencia en Wuhan, donde daban un vuelco a su estrategia política, hasta ahora «seguidista» y en cierto sentido al servicio del Guomindang, para establecer claramente una nueva cúpula dirigente orientada a la guerra (Ramírez, 2018:151).

Uno de esos nuevos líderes será Mao Zedong[88] que, poco a poco, irá extendiendo su influencia en el mundo rural al mismo tiempo que ganaba poder dentro del PCCh (Fairbank, 1990). Con este nuevo empuje de los comunistas y aprovechando la crisis ocasionada por la intervención japonesa en Manchuria, el 7 de noviembre de 1931 se declaró la República Soviética de China sobre los territorios controlados por el PCCh, es decir, la China central y suroriental bajo la jefatura de Mao, y que cuyo régimen duraría tres años (Ruiz, 2019:17-18).

Con todo, las luchas internas desangraban al Estado chino en clara línea hacia la desintegración territorial desde la caída de la dinastía Qing en 1911. Tanto es así que algunos historiadores como J. M. Roberts destacaban que: *«la situación guardaba un cierto parecido con el final del Imperio Romano»* (Rees, 2009:40-41). Indudablemente, China iba hacia ese desenlace y las potencias extranjeras así lo asumían. Desde entonces, especialmente Tokio, se temía que otros se adelantaran a tan jugoso pastel.

En relación a esta descomposición, y como señalábamos, en 1931 Japón invade Manchuria y se hace con los territorios del noreste de China, hasta ahora gobernados por los señores de la guerra, como Zhang Zuolin (padre de Zhang Xueliang). Chiang Kai-shek precisamente asumirá dicha perdida como consecuencia de la poca incidencia gubernamental que tenía sobre tales territorios y, por otro lado, a causa de que era sabedor de la debilidad de su ejército frente al Ejército Imperial Japonés. El foco de su atención, así como de sus fuerzas, estaba destinado a erradicar la presencia comunista (Gernet, 2005:565).

Ciertamente, Chiang kai-shek estaba obcecado en eliminar al PCCh. Tanto es así, que incluso parte de su propio ejército y generales le rogaban una y otra vez que volviera a aliarse con los comunistas, al igual que en la Expedición al Norte, pero esta vez para expulsar a los japoneses. Tanta fuerza tenía este pensamiento que ya en 1932 parte de sus tropas se rebelaron y se opusieron a combatir contra los comunistas

---

[88] Mao Zedong (1893-1976), fue el líder del PCCh que lo llevó al poder el 1 de octubre de 1949 para establecer la República Popular de China, conocido como el «Gran Timonel» lideró al país hasta 1976, año de su muerte y que ponía fin a la llamada Revolución Cultural (1966-1976). Esta revolución se iniciaba con las consecuencias de su llamado *Libro Rojo* y lo devolvía al poder tras unos años apartado del mismo debido al fracaso de su anterior política nacional, el Gran Salto Adelante (Pérez Sánchez, 2006:545).

debido a la invasión japonesa. Chiang aplacó dicha insurrección, pero no lograba silenciar tales demandas de una coalición antijaponesa. El 9 de diciembre de 1935, unos seis mil estudiantes promovidos por el PCCh se manifestaron en Pekín a favor de la alianza antijaponesa, lo que se conoce como el «Movimiento del Nueve de Diciembre», así como el 16 del mismo mes, otros diez mil estudiantes hicieron lo mismo. No obstante, no consiguieron sus propósitos y la primera manifestación, de carácter comunista, fue duramente reprimida (Fairbank; Goldman, 1999).

Tales demandas aún se verán incrementadas gracias al acierto político y propagandístico de Mao Zedong, que el 25 de diciembre de 1935, expuso su estrategia «frente nacional antijaponés» al mismo tiempo que ordenaba a sus tropas atacar a los japoneses a través de la provincia de Shanxi. Y aunque el efecto bélico era mínimo, el hecho en sí mismo suponía todo un éxito propagandístico de cara al pueblo chino (Ramírez, 2018:160).

Finalmente, y ante la persistente premisa de Chiang: «*primero la represión del comunismo, después la resistencia al japonés*», en la ciudad de Xi'an donde estaba el grueso del ejército del Guomindang con el fin de atacar a los comunistas en Yan'an, se produjo un incidente que cambiará el devenir de China. En primer lugar, y conmemorando el primer aniversario del Movimiento del Nueve de Diciembre, se produjo una marcha de más de diez mil personas hacia la residencia de Chiang en Xi'an (el 7 de diciembre había acudido a la ciudad para pasar revista a las tropas), para reclamar el fin de las hostilidades contra los comunistas y una alianza o causa común frente al invasor japonés. Chiang encolerizó y quería reprimir a los estudiantes de la misma forma que la del año anterior, abriendo fuego si fuera preciso (Ramírez, 2018:161). Pero uno de sus lugartenientes y general Zhang Xueliang, cuyo padre como señalábamos anteriormente era Zhang Zuolin (antiguo y destacado señor de la guerra en Manchuria y asesinado por los japoneses), intentó por todos los medios que Chiang escuchara sus demandas y fuera contra las tropas japonesas. No fue posible, pero al menos convenció a los manifestantes para que se disolvieran pacíficamente prometiéndoles que trasladaría sus demandas al líder nacionalista cuando este, como decimos, deseaba reprimirles brutalmente si la situación así lo requería (Martínez-Robles; Sasot, 2011b:26).

Acto seguido, el incidente de Xi'an provocó que, a los pocos días (el 12 de diciembre), Zhang Xueliang y Yang Hucheng detuvieran a Chiang Kai-shek con el propósito de obligarle a tener una reunión con los comunistas. Para tal fin enviaron un avión para recoger a Zhou Enlai, antiguo subordinado de Chiang en la academia militar Huangpu, que lograría convencerle para unificar los ejércitos nacionalistas y comunistas contra las fuerzas japonesas. El Ejército Rojo ahora sería el VIII Ejército chino y tal acuerdo se lograría al reconocer los comunistas a Chiang como jefe del Estado chino. Con tal acuerdo se acabarían diez años de guerra civil y se ponían las bases de la Segunda Guerra sino-japonesa (Ramírez, 2018:161-162).

4.4. La Segunda Guerra sino-japonesa (1937-1945)

La Segunda Guerra sino-japonesa comenzó el 7 de julio de 1937 cuando Japón atacó a China con el pretexto de que había habido un tiroteo en la ciudad de Wanping entre tropas niponas y chinas. Realmente Tokio, tras la alianza entre comunistas y nacionalistas, temía que China se aliara con la Unión Soviética y, por esta razón, entendió preciso atacar para asegurar y apuntalar sus intereses en China. De esta forma, el Ejército Imperial Japonés se movilizó de manera rauda y veloz y en tan sólo cinco meses se hizo con el control de casi todo el norte de China, a excepción del territorio lindante con el sur y oeste de Mongolia, aliada de la URSS (Ramírez, 2018:162).

Al mismo tiempo, en la China central se dio un avance directo por medio de la aviación y desembarco de tropas desde Shanghái, y en el sur, desde Guangzhou. De esta manera, en cuestión de pocas semanas se hacían con la costa de China, vital para el control del mar de China. Las fuerzas chinas se replegaron entonces hacia el interior y decidieron establecerse en Chongqing (por aquel entonces dentro de la provincia de Sichuan[89]), cuya urbe ejercerá la capitalidad de manera provisional y será la sede central del Guomindang (Martínez-Robles; Sasot, 2011b:27).

Como decíamos, desde las ciudades costeras de Shanghái y Guangzhou se inició un ataque nipón hacia las ciudades situadas más en el interior o ribereñas del río Yangtsé. Sin embargo, Tokio nunca realizó un ataque a gran escala a dichas urbes, puesto que, al controlar ya todas las provincias limítrofes con el mar de China, así como las ciudades de la cuenca baja del Yangtsé, tenía bajo su control todos los polos de poder, especialmente económicos e industriales, con los que satisfacer sus ansias imperialistas y, por consiguiente, debilitar sobremanera al Estado chino de Chiang Kai-shek. De hecho, a medida que pase el tiempo, el régimen de Chiang irá perdiendo su estatus político y económico al estar alejado de sus núcleos urbanos de ingresos en detrimento del PCCh más instalado en el mundo rural.

4.4.1. La Masacre de Nankín (1937)

La invasión japonesa se caracterizará por una brutalidad y una deshumanización del «otro» que se ha calificado como genocida. En este sentido, el caso más traumático y marcado en la memoria de la sociedad china es la llamada «Masacre de Nankín» o «Incidente de Nankín». En dicha masacre tuvo un papel relevante el príncipe Asaka, que se reunió con el general Nakajima, uno de los mandos de las operaciones para tomar Nankín. Este último advirtió al príncipe de que estaban a punto de rodear a 300 mil combatientes chinos y que, en los breves contactos con el enemigo, señalaban

---

[89] La Asamblea Popular Nacional de China, el 14 de marzo de 1997, separó Chongqing de la provincia de Sichuan con el fin de convertir a la ciudad, junto a varias prefecturas vecinas, en una municipalidad al estilo de Pekín, Tianjin y Shanghái.

que se iban a rendir. La respuesta del príncipe fue refrendada por su oficina central, la cual ese mismo día emitió una orden firmada con su sello personal donde se ordenaba que: «*maten a todos los prisioneros*». No se sabe con exactitud si esa orden fue emitida por el propio Asaka, pero sí que salió de su oficina y se trasladó a los distintos mandos, también a los oficiales de bajo rango, como demuestra el escrito distribuido al 66.º batallón japonés y que recibieron sus soldados en la fecha del 13 de diciembre de 1937:

> Reportero de campaña del batallón, a las 2:00 horas, recibió la orden de parte del comandante del regimiento: para cumplir con las órdenes del Cuartel General de la Comandancia de la brigada, todos los prisioneros de guerra han de ser ejecutados. Método de ejecución: dividir a los prisioneros en grupos de a doce. Disparar a matar por separado.
>
> 3:30 p.m. Se convoca una reunión de comandantes de compañía para intercambiar opiniones sobre cómo proceder con los prisioneros de guerra. Allí se toma la decisión de repartir a los prisioneros a partes iguales entre cada compañía (primera, segunda y cuarta compañías) y sacarlos de su lugar de confinamiento en grupos de 50 para ser ejecutados. La primera compañía debe actuar en el campo del grano; la segunda compañía actuará en la depresión situada al suroeste de la guarnición; y la cuarta actuará en el campo de grano situado al sureste de la guarnición.
>
> Las inmediaciones del lugar de confinamiento deben ser fuertemente vigiladas. Nuestras intenciones no han de ser detectadas en ningún momento por los prisioneros.
>
> Todas las compañías deben completar los preparativos antes de las 5:00. Las ejecuciones deberán comenzar a las 5:00. Y la acción deberá terminar a las 7:30 (fragmento extraído de la Academia de Ciencias Sociales de la Provincia de Jilin; James Yin y Shi Young[90], 1997; e Iris Chang[91], 2016).

Como observamos, se trata de una orden muy cuidadosa y que no escatima en detalles para poder ejecutar sistemáticamente a grandes contingentes de prisioneros de guerra. Además, se aprecia que hasta los propios mandos militares nipones eran conscientes de la dificultad de llevar a cabo la orden (Chang, 2016:61), de ahí que maniataran a los prisioneros y los dividieran en grupos para poder llevar a efecto el asesinato en masa sin mayores dificultades.

---

[90] Yin, James; Young, Shi (1997). *Rape of Nanking: An Undeniable History in Photographs*. Chicago: Editorial Triumph Books.

[91] Chang, Iris (2016). *La Violación de Nanking*. Madrid: Capitán Swing Libros.

Fig. 11. Civiles chinos obligados a cavar para ser enterrados vivos por las tropas japonesas.
Fuente: Departamento de Historia de la Universidad de California, Santa Bárbara (1938).

Podríamos incidir mucho más en tal crimen, perpetrado contra los soldados chinos, pero la Masacre de Nankín fue especialmente perversa con la población civil y, especialmente, con las mujeres de todas las edades durante seis semanas (Ramírez, 2018:163)[92]. En este sentido, se dieron violaciones masivas por parte de las tropas niponas y, como había orden de no cometer tales crímenes, los soldados al finalizar las violaciones asesinaban a sus víctimas para no dejar testigos de la brutalidad de sus actos. Igualmente, los oficiales participaron y miraron para otro lado mientras se consumaban dichas violaciones.

No en vano, en testimonios de soldados de la época, el impedimento de no poder violar a las mujeres no se lo tomaban en serio debido a la enorme deshumanización sobre los chinos, que eran considerados por los mandos como auténticos animales, sin contar que todo ello lo hacían por el bien del emperador. No existía remordimiento, y se obligaba a las propias víctimas a cavar las zanjas donde inmediatamente serían

---

[92] Se estima que las tropas japonesas asesinaron a más de 300 mil civiles y prisioneros de guerra durante la Masacre de Nankín (Ramírez, 2018:163).

asesinadas por medio de las bayonetas niponas. La práctica servía al mismo tiempo para adiestrar a los hombres de cara a matar con mayor facilidad.

En este sentido, la antropóloga estadounidense Ruth Benedict, en su célebre obra *El Crisantemo y la espada* (1946), señala que para comprender las atrocidades cometidas por los japoneses se debe entender que los valores morales y cívicos por los que se rige la sociedad japonesa no son universales y se circunscriben dentro de su civilización, por lo que al estar en suelo extranjero podrían interpretar que quedaban fuera de dichas normas sociales y se regían única y exclusivamente por las ordenanzas de sus mandos militares, por muy crueles e inhumanas que fueran estas (Chang, 2016:77).

Sea como fuere, los horrores efectuados en Nankín tuvieron su eco en el exterior y se tradujeron en una condena internacional. Tokio, para rebajar las tensiones con las potencias occidentales (especialmente por EE.UU. que la proveía de petróleo), en vez de castigar a los artífices de las citadas atrocidades o, cuando menos, censurar sus espantosas conductas, se limitó sorprendentemente a crear la figura de las «mujeres de confort» (*confort women*). Es decir, Tokio ordenó que el ejército estableciera casas de «consuelo», léase prostíbulos, en las urbes donde se asentaban sus tropas.

Cabe decir que las mujeres eran violadas sistemáticamente y que en su mayoría habían sido captadas, compradas o secuestradas por el Ejército Imperial Japonés a medida que iba avanzando en su expansionismo. Se calcula que entre 80 mil y 200 mil mujeres fueron obligadas a desempeñar este cruel papel, procediendo en su mayoría de Corea (colonia japonesa), pero también de China y el Sudeste Asiático (Filipinas e Indonesia).

Fig. 12. Mujeres coreanas esclavizadas sexualmente por las tropas japonesas.
Fuente: Universidad Normal de Shanghái.

En este sentido, hasta los años 90 el Gobierno japonés negaba por completo haber participado en dicha barbarie y atribuía la responsabilidad de la creación de tales burdeles a la empresa privada. Sin embargo, en 1991 Yoshimi Yoshiaki encontró un documento en los archivos de la Agencia de Defensa Japonesa, titulado «Sobre el reclutamiento de mujeres para burdeles militares», donde los mandos militares japoneses ordenaban explícitamente la creación de *«establecimientos de consuelo sexual»*, en aras de que los soldados nipones se detuviesen en sus constantes violaciones a las mujeres chinas en las zonas ocupadas por Japón (Chang, 2016:74-75).

Ciertamente, los japoneses cometieron crímenes horribles, que no sólo se circunscriben a Nankín y a sus alrededores, sino a casi toda la China ocupada; y, lo más importante, siguen aún presentes en el pensamiento de la sociedad china actual. Dichas heridas tardarán tiempo en cicatrizar, en aras de la buena vecindad entre ambas potencias, como más adelante detallaremos.

4.4.2. La introducción de la Segunda Guerra sino-japonesa en la Segunda Guerra Mundial (1939-1945)

En esta línea, tras Nankín, no habrá cambios significativos en el avance japonés hasta 1939, puesto que Tokio estaba satisfecho por hacerse con todos los núcleos de poder adyacentes a la costa. Sin embargo, será en ese año cuando Japón atacará a EE.UU. por las sanciones que Washington implementará al país del crisantemo, especialmente la referente al corte del suministro de hidrocarburos[93], como consecuencia de sus acciones en Asia-Pacífico (Hane, 2010:234).

El 7 de diciembre de 1941 el Imperio del Sol Naciente bombardeará Pearl Harbor sin declaración de guerra previa y cuando estaban en negociaciones para que permaneciese la paz entre las dos naciones (la «declaración de guerra» fue entregada al secretario de Estado norteamericano una hora después del ataque a Pearl Harbor debido al retraso de la embajada japonesa en descodificar el mensaje secreto enviado desde Tokio). Algo que los estadounidenses, en boca del entonces presidente norteamericano Franklin Delano Roosevelt (con su «discurso de la infamia» pronunciado al día siguiente del ataque nipón en el Congreso de los Estados Unidos), conocen popularmente como el «día de la infamia», y que a tal efecto significó la introducción oficial del Imperio japonés en la Segunda Guerra Mundial (al igual que EE.UU.). Este hecho, por tanto, también significó la mundialización del conflicto y supuso un duro golpe para la armada estadounidense[94] que, desde entonces, deberá iniciar un duro envite en la llamada Guerra del Pacífico (Sáenz-Francés,

---

[93] En los Juicios de Tokio las autoridades japonesas alegaron que se vieron «obligados» a declararle la guerra a EE.UU. porque sin petróleo sólo podían desarrollar su campaña bélica en Asia durante seis meses más. Necesitaban hallar recursos para la supervivencia del país. En este sentido, el propio Gobierno estadounidense era consciente tal y como valorará el secretario Hull (Hane, 2010:234).

[94] Las fuerzas militares de EE.UU. al inició de la contienda eran manifiestamente menores a las japonesas, así como a la de los alemanes. Estos últimos, incluso, restaban importancia a la incorporación de Washington en el bando aliado, ya que entendían que los submarinos alemanes (u-boot), eran más que suficientes para evitar el traslado de tropas a Europa a través del Atlántico. Sin embargo, y como posteriormente quedó patente, su entrada conllevó el fin de los planes de Hitler por hacerse con el control del Viejo Continente (Sáenz-Francés, 2016:165).

2016:165). Los japoneses también atacarían Hong Kong y Malasia en manos británicas, como Filipinas e islas del Pacífico bajo soberanía estadounidense en esas mismas fechas. De esta forma, Japón se posicionaba en el lado de las potencias del Eje de la mencionada contienda global, con las que ya había firmado el Pacto Anti-Komintern en 1936 y el Acuerdo Tripartito en 1940 (Martínez-Robles; Sasot, 2011b:56).

Ciertamente, era previsible el conflicto entre los anglo-estadounidenses y los japoneses. Fundamentalmente por lo que atañe al control del mar de China, y por añadidura sobre el Pacífico, con lo que ello conllevaba a nivel geopolítico. Ya en 1935, durante la conferencia sobre el poderío naval de Londres, se rompieron todos los acuerdos previos sobre el tamaño que debían tener como máximo las flotas navales de EE.UU., Gran Bretaña y Japón. Es más, en 1936 dos documentos del ministerio de defensa japonés, *Los fundamentos de la política nacional* y *Pautas de política exterior*, señalaban a Washington y Londres como potenciales enemigos de Japón, junto a Moscú y Nankín. Además, establecían como una de sus prioridades aumentar el poder marítimo nipón en el Pacífico (Rees, 2009:67). Washington, como decíamos, era consciente de que la guerra era inevitable tras exigir a Tokio el abandono de todos los territorios chinos ocupados y el reconocimiento del gobierno legítimo de Chiang Kai-shek sobre China, incluyendo el territorio de Manchuria, si deseaban acabar con las sanciones impuestas por EE.UU. Las palabras del propio secretario de Estado estadounidense, Cordell Hull[95], dirigidas al secretario de la guerra, Henry L. Stimson[96], así lo demuestran: «*Yo ya me he lavado las manos con este asunto; ahora queda en tus manos y en las de Knox, el ejército y la armada*» (Feis, 1950; Hane, 2010).

Una vez entrada Japón y, al mismo tiempo, China en la Segunda Guerra Mundial, ambos contendientes de la Segunda Guerra sino-japonesa, asentaron aún más sus alianzas con uno u otro bando de la contienda. Es más, Chiang Kai-shek fue reconocido como uno de los grandes líderes del período como demuestra la posterior Declaración de El Cairo, donde se sentaría con los líderes de EE.UU. y Gran Bretaña (véase fig. 13), y tendría el beneplácito del de la URSS.

---

[95]   Cordell Hull (1871-1955). Fue un militar, abogado y político norteamericano que destacó como secretario de Estado (1933-1944). Entre otras cosas, destacó por su fuerte carácter tras recibir el documento de la declaración de guerra por parte de los diplomáticos japoneses cuando el Imperio del Sol Naciente ya había atacado, hacía una hora, Pearl Harbor y él ya estaba informado de ello a diferencia de la propia delegación japonesa. También es conocido por haber sido uno de los padres de la actual Naciones Unidas, colaborando en la redacción de la «Carta de las Naciones Unidas», lo que le valió el Premio Nobel de la Paz en 1945 (Hane, 2010).

[96]   Henry Lewis Stimson (1867-1950), fue un político estadounidense que desempeñó los cargos de secretario de Estado (1929-1933), secretario de la guerra (en dos mandatos: 1911-1913 y 1940-1945) y Gobernador general de Filipinas (1927-1929) a lo largo de varias décadas y bajo el mandato de varios presidentes. Destacó porque en 1940 de una manera fulgurante amplio el ejército de EE.UU. a una fuerza de 10 millones de soldados y por el memorándum que establecía 8 medidas en contra del Imperio japonés como consecuencia de sus acciones en China y que, posteriormente, serían impuestas por el Franklin D. Roosevelt (Hane, 2010).

Fig. 13. Fotografía de la Conferencia de El Cairo de 1943, de izquierda a derecha: Chiang Kai-shek (China), Franklin D. Roosevelt (EE.UU.) y Winston Churchill (Gran Bretaña). Fuente: *National Archives* (EE.UU.).

Fig. 14. Mapa de la ocupación japonesa de China en 1940. Fuente: *U.S. Army*.

Con la entrada de EE.UU. en la guerra, Japón irá perdiendo poco a poco su preponderancia, también en suelo chino gracias a la ayuda militar ofrecida por Washington, lo que iniciará una nueva fase en la contienda. Si de 1939 a 1942 se llegará al máximo esplendor del expansionismo japonés. Desde 1942 hasta 1945 Japón irá menguando su imperio hasta prácticamente verse recluido en su archipiélago (Ramírez, 2018:164-165).

No en vano, tras la Batalla de Midway[97] (1942), Estados Unidos logró poco a poco a hacerse con los mares, jugando un papel clave las batallas de Guadalcanal[98] (1943), Saipán (1944) y Filipinas[99] (1944-1945). Y, al mismo tiempo, en el frente continental, China desde 1944 logrará tener la iniciativa hasta el punto de que en la primavera de 1945 ya dominaba todas las provincias sureñas chinas (Hart, 2006).

Tanto es así que, cuando el emperador Hirohito[100] aceptó la rendición incondicional del Imperio japonés[101], el 15 de agosto de 1945, después del lanzamiento de sendas bombas nucleares sobre las ciudades de Hiroshima y Nagasaki y la entrada de la URSS en el frente oriental, sus tropas ya se encontraban en franca retirada en todos

---

[97] La Batalla de Midway (1942) fue una gran batalla naval que se produjo seis meses después de Pearl Harbor y que significó el cambio de rumbo de la llamada Guerra del Pacífico. Con la victoria estadounidense en dicha batalla se logró disipar el temor a una invasión nipona de EE.UU., así como se inició el avance de la armada estadounidense hasta el cerco al archipiélago japonés en 1945. Es decir, la batalla tuvo una grandísima relevancia, pues privó a Tokio de cuatro portaviones y dio un respiro a Washington hasta disponer de sus portaviones de clase «Essex» a finales de 1942. En este sentido, y como señala el historiador Liddell Hart en su obra *Historia de la Segunda Guerra Mundial* (2006): «*Midway fue el punto decisivo que marcó la posterior sentencia última de Japón*» (Hart, 2006:379).

[98] La campaña de Guadalcanal se inició a instancias del general MacArthur y el almirante Chester Nimitz nada más vencer en Midway, aunque en tres etapas diferentes al no disponer a tiempo de los portaviones para tal empresa. Igualmente, este nuevo escenario bélico se tradujo en una nueva victoria norteamericana situando a los japoneses en una franca retirada del Pacífico, en cuanto a alta mar se refiere (Hart, 2006:382).

[99] La Batalla de Filipinas o Campaña de Filipinas de 1944-1945, aglutinó una serie de batallas (Batalla de Leyte y la Batalla de Mindoro en 1944, así como la Batalla de Luzón en 1945), que se iniciaron con el desembarco en Leyte y finalizaron con la toma de Manila (Rodao, 2016). Por otra parte, algunos historiadores cuestionan la necesidad de tomar por completo la isla de Luzón para el devenir de la contienda, debido a los estragos y las grandes pérdidas que ocasionó tomar el norte de la isla, donde se encontraban atrincheradas las tropas del general Yamashita (Hart, 2006:729).

[100] El emperador Hirohito (1901-1989), reinó sobre Japón durante 62 años (1926-1989). Se trata de una figura polémica dado que no fue juzgada por crímenes de guerra, a diferencia del resto de líderes nipones tras el fin de la guerra por su significación para el pueblo japonés y en aras de la estabilidad del país en el período de posguerra. Pero ciertamente su grado de implicación en las operaciones militares en el continente asiático siguen siendo, cuando menos, controvertidas.

[101] Realmente el Gobierno japonés ya en 1943 sabía que no podría ganar esta guerra, puesto que en 1943 la contienda absorbía más del 40% del PIB japonés y en 1944 rondaba el 50%. Si no hubo rendición en ese momento era porque en el ideario del régimen ese vocablo no existía y, además, pretendían que si se produjera fuera más o menos en términos aceptables para su sacrificada población (Martínez-Robles; Sasot, 2011b:59).

los frentes abiertos en suelo chino (Ramírez, 2018:165). Es más, varias facciones del Gobierno nipón, tras el lanzamiento de la primera bomba atómica, buscaron una paz negociada hasta el punto de intentar negociar con el PCCh tales términos, tras el fracaso inicial con el Guomindang[102], pero igualmente sin éxito (Koshiro, 2013).

La guerra, obviamente, significó un desgaste humano y económico para ambas naciones de proporciones descomunales. Se estima que aproximadamente entre 15 y 20 millones de civiles y soldados chinos perecieron a causa de la despiadada invasión japonesa (Martínez-Robles; Sasot, 2011b:27). Por su parte, Japón tenía destinados en China a 1,2 millones de soldados de un total de 2,3 millones que se encontraban fuera del país al emitir su rendición incondicional (Hsu, 2000: 610-611), siendo hasta un problema para el Gobierno japonés que no tenía prácticamente armada y medios para realizar dicha repatriación y que tardaría meses en efectuarse. En cuanto a muertes, Japón sufrió la pérdida de alrededor de 1,6 millones de soldados y 650 mil civiles (Coox, 1988:377). Si bien las víctimas no fueron tan numerosas como las chinas, al igual que en China, la devastación de sus ciudades, especialmente las industriales, fue realmente terrible y tendrá sus efectos para la población nipona en los primeros años de posguerra.

---

[102] El primer ministro Koiso Kuniaki, que sustituyó a Tojo Hideki tras su dimisión, fue el instigador de las negociaciones de paz con el Guomindang, su fracaso lo dañaría políticamente (Rodao, 2016:256-257).

5
HECHOS HISTÓRICOS QUE MARCARON
LAS RELACIONES DE CHINA Y JAPÓN (1945-1991)

Tras finalizar la Segunda Guerra Mundial, el orden de Asia-Pacífico cambió por completo fruto de la Guerra Fría que se había iniciado entre Estados Unidos y la Unión Soviética, así como la perdida de las colonias por parte de las grandes potencias imperialistas como Gran Bretaña, Francia, Países Bajos, entre otras. A ello se sumó la nueva realidad de Japón, cuyo territorio se había visto recluido a sus cuatro grandes islas y a los pequeños archipiélagos aledaños (tras el fin de la contienda y lo expuesto en el Tratado de San Francisco de 1951); como también al clima de inestabilidad que se había asentado en China como consecuencia de las heridas no cerradas en la etapa anterior. En este sentido, en este capítulo veremos una consecución de hechos históricos que fraguarán la dimensión de China y Japón en este incipiente y nuevo orden internacional.

5.1. EL PERÍODO DE POSGUERRA (1945-1972)

En el período de posguerra se dieron dos situaciones contrapuestas tanto en China como en Japón. Mientras en la primera se dio una guerra civil entre nacionalistas y comunistas, en la otra habrá una ocupación por parte de EE.UU. Ambos países asiáticos, como veremos, se alinearán con un contendiente diferente durante buena parte de la Guerra Fría. La elección de sus caminos, sustentados en su situación interna y sus aliados externos, marcará el devenir de ambas naciones.

5.1.1. La Segunda guerra civil china y la China de Mao

Al acabar la Segunda Guerra Mundial, y tras unas infructuosas negociaciones en Chongqing entre Mao Zedong y Chiang Kai-shek, el Partido Comunista y el Guomindang reanudaron las hostilidades que la invasión japonesa de 1937 había puesto en paréntesis. Ciertamente, Chiang Kai-shek quería acabar con el comunismo que limitaba su poder, y debido a la superioridad de su ejército frente al Ejército Popular de Liberación, decidió de nuevo iniciar una guerra contra los comunistas a mediados de 1946.

Si bien en un principio las fuerzas nacionalistas tenían la voz cantante en el contencioso fratricida, incluso conquistando la ciudad de Yan'an (el feudo comunista por antonomasia desde la Larga Marcha), a partir de 1948 el Ejército Rojo fue cosechando grandes triunfos. La estrategia de Mao era atraerse al campesinado en los territorios que iban conquistando, otorgándoles tierras de los terratenientes. De este modo, poco a poco, se fueron adhiriendo combatientes a sus fuerzas. Y en breve les seguirían los jóvenes de las ciudades cansados de las corruptelas del Partido Nacionalista. En este sentido, hasta el propio Chiang Kai-shek era consciente de la problemática que tenía en su partido y en 1948 pronunció las siguientes palabras:

> Para ser franco, jamás ha existido, en China o en el extranjero, un partido revolucionario tan decrépito y degenerado como el que hoy un día representamos nosotros; ni ha existido ninguno tan falto de espíritu, de disciplina, e incluso de pautas de lo que es correcto o incorrecto como el nuestro. ¡Hace mucho que un partido como éste debería haber sido destruido y borrado del mapa! (Chiang Kai-shek, fragmento extraído de Eastman, 1984; y Martínez Robles-Susot, 2011c).

Como vemos, Chiang ya preludiaba un año antes los males que causarán la derrota frente a los comunistas (principalmente la corrupción). Y es que, verdaderamente, fue una sorpresa para la comunidad internacional la derrota del Guomindang debido a que contaban con el apoyo financiero y armamentístico de EE.UU. dentro de su política de «contención» del comunismo. Es más, cuando los comunistas se hicieron con el norte de China y avanzaban hacia las provincias sureñas, Stalin pidió a Mao que se detuviera con el fin de dividir China en dos, como Corea o Alemania, entre las zonas de influencia norteamericana y soviéticas, y especialmente por el papel y la posible intervención de Washington en el conflicto. Mao desolló por completo las peticiones de Stalin y finalmente se hizo con el conjunto de la China continental, expulsando a Chiang y a las tropas nacionalistas a la isla de Taiwán (Pérez Sánchez, 2006:546), recientemente recuperada tras la colonización japonesa. Con la victoria, el 1 de octubre de 1949 Mao Zedong declaró el establecimiento de la República Popular de China (RPC) en su entrada triunfal en Pekín, capital del nuevo régimen (Gernet, 2005).

Por otra parte, Chiang se agazapaba en Taiwán con la intención de, en un futuro, poder retomar la reconquista del país, algo que jamás se dará. Mientras tanto, establecerá en diciembre de 1949 a Taipéi como la capital provisional de la República de China. Y, como apuntalamiento del régimen, tras el estallido de la Guerra de Corea (1950-1953), donde los norcoreanos contaron con el apoyo de Mao, EE.UU. en respuesta apoyará firmemente al régimen de Taiwán frente al avance comunista, que pocos meses después, en octubre de 1950, tomará el Tíbet.

Desde entonces existen «dos Chinas»: la República de China y la República Popular de China. Ambos «Estados chinos» marcarán buena parte de las relaciones internacionales durante la Guerra Fría (Martínez-Robles; Sasot, 2011c:8), e incluso de la actualidad, a pesar de que desde finales de los 70 ya apenas se reconoce internacionalmente a Taiwán como país independiente.

Fig. 15. Mao Zedong en 1963.
Fuente: Datos Biblioteca Nacional de España.

5.1.2. El Japón de posguerra y el milagro japonés

Japón quedó devastado por los bombardeos norteamericanos, así como por el esfuerzo bélico de la contienda y, obviamente, la pérdida de su imperio colonial. Desde 1945 hasta 1952 sufrirá la ocupación de las tropas estadounidenses y el país quedará bajo el mando del general Douglas MacArthur[103], que ejercerá como Comandante Supremo de las Fuerzas Aliadas (SCAP, en sus siglas en inglés).

[103] Douglas MacArthur (1880-1964), fue un destacado general norteamericano, especialmente en la Segunda Guerra Mundial y en la Guerra de Corea. En la primera se hizo célebre por su frase «volveré» cuando tuvo que abandonar Filipinas como consecuencia del avance del imperialismo nipón en 1942 y regresando en 1944 para culminar la «liberación» de Filipinas bajo el yugo nipón. En este sentido, será el representante de los Aliados en el acorazado Missouri cuando Japón firme su rendición incondicional de dicha contienda. Tras la guerra, permanecerá en Japón en calidad de Comandante Supremo de las Fuerzas Aliadas, iniciando una serie de reformas sociopolíticas de gran calado (empezando por la constitución) durante la ocupación estadounidense. Al mismo tiempo, también pasará a la posteridad por haber liderado a las fuerzas de la ONU durante los inicios de la Guerra de Corea y, concretamente, sobre la Batalla de Incheon (1950) y su alabado desembarco de las tropas de la ONU que partía en dos al ejército norcoreano. No obstante, tras la ayuda extraoficial de la China comunista a Corea del Norte, exigió al presidente Truman arrojar bombas nucleares sobre ciudades chinas y tras varias tiranteces con la administración Truman fue destituido de sus cargos. En resumen, se trata de una figura controvertida, debido a su gran acierto como estratega, pero también vilipendiada por su ambición desmedida o arrogancia, siendo comparado por algunos historiadores con Julio César debido a todas las aristas y ámbitos que atesoraba y ejercía MacArthur (Manchester, 1978).

Si bien se establecerá en Washington una Comisión del Lejano Oriente[104] (FEC, en sus siglas en inglés), que supervisará el Consejo Aliado de Japón[105] en Tokio (liderado por MacArthur y, tras su destitución, por Matthew Ridgway[106]), lo cierto es que las potencias aliadas serán meras comparsas. De facto, sólo tendrá las riendas del archipiélago japonés la Casa Blanca, que trasladará sus directrices al SCAP y este, a su vez, a las autoridades niponas. En este sentido, las políticas que se llevarán a cabo en Japón serán las mismas que se aplicarán o se habían aplicado en EE.UU. Se tratará de inculcar valores y leyes liberales, como naturalmente el ideal democrático. Y es que, para los estadounidenses, la mejor forma para evitar el ascenso de los militaristas es el fomento de la libertad que abraza la democracia. Así, tenemos las palabras de MacArthur que refrenda este pensamiento nada más llegar al archipiélago japonés:

> La génesis de la Guerra yace en la lujuria despótica por el poder» [...] «Jamás se ha originado en la acción voluntaria de personas libres – jamás un pueblo libre se asociará voluntariamente con el propósito que el camino de la paz, el bienestar y la felicidad queden subyugados por el flagelo de la guerra (MacArthur, fragmento extraído de Pyle, 1996; y Martínez-Robles; Susot, 2011c).

Como vemos, las autoridades norteamericanas introdujeron su ideario sociopolítico en la sociedad japonesa, aprovechando también su desamparo y desencanto con las políticas extremistas y nacionalistas desarrolladas en tiempo de preguerra y guerra y que tantos sacrificios había acarreado a los ciudadanos japoneses. Ante todo ello, en los dos primeros años de ocupación se desmanteló por completo el régimen imperialista japonés, salvando lo indispensable para poder llevar a buen puerto sus políticas, o no paralizar el país (esto es, la figura imperial como la administración burocrática). Eso sí, todos los empresarios, políticos, militares, etc., que sostuvieron el anterior régimen fueron purgados (se estima que en torno a 200 mil personas). Al mismo tiempo, entre 1946 y 1948, se efectuaron los llamados «Juicios de Tokio» donde se depuraron responsabilidades por las atrocidades cometidas durante la contienda, entre ellos Tojo Hideki (Martínez-Robles; Sasot, 2011c:43-44).

Lo más significativo de este período será la Constitución de 1947, ciertamente una carta otorgada por EE.UU., confeccionada por un equipo legal por orden del

---

[104] Este organismo se creó durante la Conferencia de Ministros de Relaciones Exteriores de Moscú, señalando el 27 de diciembre de 1945 que la Comisión Asesora del Lejano Oriente (FEAC, en sus siglas en inglés) se transformaba en la Comisión del Lejano Oriente.

[105] El Consejo Aliado de Japón que duró de 1945 a 1952, estaba compuesto por las potencias aliadas (EE.UU., China, URSS y algunos países de la Commonwealth como Gran Bretaña, Australia y Nueva Zelanda), que se repartieron las zonas de control de los territorios conquistados por el Imperio japonés a lo largo del mar de China y, en conjunto, por el Pacífico occidental (Martínez-Robles; Susot, 2011c).

[106] Matthew Bunker Ridway (1895-1993), era un general estadounidense que sustituyó a MacArthur como Comandante Supremo de Extremo Oriente y jefe de las fuerzas de Naciones Unidas durante la Guerra de Corea en 1951, tras las desavenencias del indómito general MacArthur con el presidente Truman.

SCAP ante la imposibilidad de que los japoneses se pusieran de acuerdo para realizar una carta magna plenamente democrática. Eso sí, la carta fue enviada al emperador para que la aprobara y promulgara en mayo de 1947. Dicho documento establecía que la soberanía residía en el pueblo japonés (siendo la Dieta o el parlamento la representación de la soberanía), y no en su emperador, que pasaba a ser el jefe del Estado con un perfil representativo (monarquía parlamentaria). Además, garantizaba y extendía las libertades individuales en clara reminiscencia al entramado legal por la que se circunscribe la ciudadanía estadounidense. Y, por último, y lo más relevante de cara a su política exterior, renunciaba al «derecho a la beligerancia» (*kosenken*, 交戦権) en su tan controvertido y célebre artículo 9, convirtiéndose en el único país del mundo que recoge dicha postura antibelicista en su carta magna. A pesar de ser básicamente una carta otorgada, esta constitución ha cosechado una gran aceptación por parte de la sociedad japonesa, así como de sus partidos, a excepción del citado artículo.

En cuanto a las relaciones con China, durante la posguerra no habrá contactos, puesto que cada uno se centrará en sus problemas internos. Además de que Japón se encontraba bajo la tutela de EE.UU., y cuando acabó dicha tutela se alineó y entregó a Washington con la denominada Doctrina Yoshida[107], para que confeccionara y asegurara su seguridad con el llamado Tratado de Seguridad de 1960[108]. De esta forma, Tokio pudo dedicar todos sus esfuerzos en el plano económico para desarrollar su país, espoleados por la Guerra de Corea, donde los nipones harán de base logística para los norteamericanos. Las inversiones relanzarán la maltrecha industria japonesa y darán lugar al denominado «milagro japonés» (1952-1973).

En esta línea, si bien no había relaciones directas entre japoneses y chinos, sí las habrá de manera indirecta en cuanto Japón se posiciona (forzosamente) del lado norteamericano y sirve de «portaviones» para las fuerzas estadounidenses en la región y, más concretamente, en la Guerra de Corea, donde los chinos se posicionarán del lado norcoreano. En suma, no existirán relaciones, pero sí se encontraban en dos bandos antagónicos. De hecho, las únicas relaciones niponas con los chinos serán exclusivamente con la República de China en Taiwán, pero más bien circunstancial y tangencialmente, debido a que Tokio se centraba en política interna, y su acción exterior estaba supeditada al arbitrio estadounidense.

---

[107] Recibía el nombre de Yoshida Shigeru que fue ministro de Japón (1948-1954), este percibió que las disputas entre los EE.UU. y la URSS podían ser empleadas en beneficio de Japón si actuaba a favor de dos prioridades: *«la estabilización de la situación política interna y la recuperación del prestigio internacional»* (Martínez; Sasot, 2011:52).

[108] EE.UU. se compromete a defender Japón hasta que pueda defenderse por sí mismo (Jansen, 2000:702).

5.2. NORMALIZACIÓN DE LAS RELACIONES DURANTE LA GUERRA FRÍA (1972-1991)

La política exterior japonesa era tan «seguidista» y dependía tanto de la estadounidense, que cuando las relaciones se normalizaron en 1972 entre la República Popular de China y los Estados Unidos[109] («Comunicado de Shanghái»), al poco tiempo se normalizarían las de Tokio y Pekín (Tratado de Amistad de 1978). La gran perjudicada fue la República de China en Taiwán, ya que Washington suscribió, y en adelante sus aliados regionales, que sólo existía «Una sola China» (*yi ge Zhongguo*, 一个中国), y Taiwán es parte de ella. Un nuevo orden se iba definiendo en la región. Eso sí, a pesar del acercamiento de posturas de acuerdo al tablero internacional, comenzará el surgimiento de una nueva problemática entre ambos países asiáticos: el conflicto territorial por la soberanía de las islas Senkaku/Diaoyu. Y es que las relaciones entre China y Japón se fraguaron a partir de la omisión del contencioso de las islas Senkaku/Diaoyu, iniciado formalmente en 1971 con las reclamaciones chinas sobre tales enclaves que, desde 1972, son administrados por Japón tras la devolución de EE.UU. (véase anexo 9.1., tabla 2). Esta omisión se ve reflejada en la actitud del primer ministro Zhou Enlai ante el primer ministro Kakuei Tanaka, ya que decidió dejar las pequeñas diferencias para más adelante. No en vano, el contexto internacional y regional de la disputa, que no era otro que el de la Guerra Fría, lo requería.

Fig. 16. Zhou Enlai en 1972.
Fuente: Richard Nixon Library.

[109] En 1972, Nixon viajó a China advertido de cuáles eran las principales preocupaciones del gigante asiático: «*la protección de Estados Unidos a Taiwán, el posible renacer del poder militar de Japón y el problema de la división de Corea, por este orden*» (Gelber, 2008:376). Finalmente, para aunar en los puntos en común, en este «Primer comunicado conjunto» (conocido como «Comunicado de Shanghái»), China negaba su pretensión de superpotencia, así como ambos países rechazaban la hegemonía de una nación en la zona en clara alusión a la URSS. Por tanto, se trataba de una «semi-alianza» contra Moscú (Kissinger, 2012:293).

El presidente Deng Xiaoping, a finales de los setenta, suscribió este pensamiento: *«dejar el problema para la próxima generación»*, por lo que se mantuvo «aparcado» a lo largo de la década de los ochenta (López i Vidal, 2010:144). Y es que por aquel entonces, gracias a la diplomacia triangular ideada por el secretario de Estado nortea-mericano Henry Kissinger[110], se logró abrir las relaciones diplomáticas con Estados Unidos y, por ende, con Japón, aparcando los «temas menores»; acción que, enten-demos, Japón aceptó (Drifte, 2013).

No obstante, más allá del ingenio de Kissinger, esta cercanía de EE.UU. y Japón con la RPC fue posible gracias a las grandes discrepancias que había dentro del blo-que comunista[111] (Kissinger, 2012), cuyo punto álgido tuvo lugar en 1969 con el enfrentamiento armado entre la URSS y China en el río Ussuri[112] (García Segura; Pareja Alcaraz, 2010:50). De esta forma, al poseer un enemigo común, consiguieron acercar posturas a pesar de sus diferencias, siguiendo la máxima de «el enemigo de mi enemigo, es mi amigo». Era algo que los Aliados ya habían hecho durante la Segunda Guerra Mundial con la URSS frente a la Alemania nazi.

---

[110] Hubo una reunión secreta que fue posible gracias a la llamada *«diplomacia del ping-pong»*, como consecuencia de la invitación que recibió la Federación de tenis de mesa de EE.UU. por parte de la República Popular de China para realizar una gira de una semana por el país (Bueno, 2009:158).

[111] Se produjo un distanciamiento entre China y la URSS como consecuencia de las diferencias ideológicas entre Khruschev y Mao, quedando patente por medio de tres episodios acaecidos entre 1959 y 1962: el bombardeo de las islas taiwanesas de Quemoy y Matsu por parte de China (1958); la visita de Khruschev a Pekín (1959), que pondría fin a la ayuda soviética a China; y la firma de un acuerdo entre Albania y China (1962), que ponía de manifiesto las rivalidades dentro del bloque comunista (García Segura; Pareja Alcaraz, 2010:49-50).

[112] Se produjo un enfrentamiento armado entre la URSS y China por el establecimiento de sus fron-teras en Manchuria y que ponía fin a sus relaciones.

6

LAS RELACIONES DE CHINA Y JAPÓN DESDE 1991 HASTA LA ACTUALIDAD

Ahora bien, en este capítulo veremos cómo las relaciones de China y Japón entraron en una nueva fase con la desaparición de la Unión Soviética, nexo de unión entre Pekín y Tokio a la hora de conformar su política exterior regional.

6.1. Las relaciones actuales tras la caída de la Unión Soviética (1991)

Ciertamente, tras la desaparición de la URSS y el fin de la Guerra Fría dicho escenario cambió sustancialmente (López i Vidal, 2010:138), ya que, desde entonces, para estadounidenses y japoneses el país que podría poner en peligro la seguridad regional era la propia China[113]. Tal y como describe Henry Kissinger (2012):

> La desintegración de la Unión Soviética había creado un contexto geopolítico nuevo. Mientras Pekín y Washington evaluaban un nuevo panorama, descubrieron que sus intereses ya no eran tan parecidos como en los días en que habían estado a punto de forjar una alianza.» [...] «al irse diluyendo el adversario común, inevitablemente saltaron a un primer plano las diferencias de los dos gobiernos sobre los valores y la visión del mundo» (Kissinger, 2012:472).

Este planteamiento, en parte, se vio refrendado con la cuestión de Taiwán, debido al desafío independentista del entonces presidente taiwanés Lee Deng-Hui, a mediados de los años noventa. Dicho desafío, inquietó sobremanera a Pekín, poniendo su punto de mira sobre Taipéi y obligando a EE.UU. a enviar su VII Flota al estrecho de

---

[113] Especialmente y respaldado tras los acontecimientos de la Plaza de Tiananmen (1989). Tras estos, *«la reacción internacional fue contundente. La República Popular de China nunca había reivindicado su función como democracia de corte occidental (en efecto, siempre lo había rechazado). En aquellos momentos aparecía en los medios de comunicación de todo el mundo como un Estado autoritario y arbitrario que sofocaba las aspiraciones populares de reivindicar los derechos humanos. Deng, hasta entonces aclamado como reformador, fue criticado como tirano»* (Kissinger, 2012:426).

Taiwán para garantizar su seguridad. En este sentido, se produjo un fortalecimiento de la alianza entre EE.UU. y Japón a expensas de China, viéndose Pekín cada vez más relegado.

Esta percepción china, obviamente, provoca el aumento de sus recelos hacia Tokio y Washington y, a su vez, alimenta los temores de éstos hacia el régimen de Pekín. Así, si el contexto regional ya no es el que era, tampoco las relaciones bilaterales, pues desde la década de los noventa se han producido una serie de enfrentamientos diplomáticos que han mermado considerablemente las relaciones entre ambas potencias asiáticas, y en donde las Senkaku/Diaoyu tienen una notable cabida.

6.1.1. El «Problema de la historia»

En primer lugar, tenemos el «Problema de la historia»[114] (*Rekishinomondai*, 歴史の問題), que consiste en la «suavización» del papel de Japón durante la Segunda Guerra Mundial, y que se puede interpretar como un revisionismo histórico (Hagström, 2009:229). Esto se ve reflejado en algunos libros de texto japoneses, donde se omiten palabras como «*masacre*» a favor de «*incidente*» de Nankín, o simple y llanamente se eliminan los temas más espinosos como la guerra bacteriológica o las mujeres de consuelo[115] (López i Vidal, 2010:141).

Dichas omisiones o eufemismos tienen la intención de alentar el espíritu nacionalista, al suprimir los factores que puedan socavar o avergonzar el orgullo nacional, ya que entienden que el nacionalismo es la herramienta imprescindible para poder recorrer el camino que lleve a Japón a convertirse en el tan ansiado «país normal» (*Futsu no kuni*, ふつの国). Es decir, con «derecho a la beligerancia» (Farrés, 2007:7-8). Todo ello se vio respaldado por las palabras del entonces primer ministro Shinzo Abe[116], en 2015, a favor de una «visión más progresista» sobre los actos bélicos perpetrados por Japón durante la Segunda Guerra Mundial, y que encendieron los ánimos de sus países vecinos, entre ellos China, en un año en el que se conmemoraba el 70 aniversario del fin de dicha contienda (Booth, 2014).

---

[114]   El problema de la historia se introdujo por primera vez en la escena bilateral entre Japón y China en 1982, cuando los periódicos japoneses denunciaron que el ministerio de educación pidió cambiar el término «invasión» por «avance» durante la Segunda Guerra sino-japonesa. En este sentido, para superar las discrepancias, se estableció los «Estudios Conjuntos de Historia» entre China y Japón (2006-2009) para acordar los contenidos de los libros de texto sobre estos hechos, como por ejemplo en lo referente al número de víctimas que provocó el ejército imperial en China, donde esta última los eleva por encima de los 35 millones y Japón se remite a los «Tribunales de Tokio» que las sitúa en torno a 2 millones (Murakami, 2011:44-46).

[115]   También conocidas como *ianfu, confort women,* mujeres de confort (Rodao, 2001:106).

[116]   Shinzo Abe (1954-2022). Fue el presidente del PLD y primer ministro de Japón en dos etapas: 2006-2007 y 2012-2020. Por tanto, es el líder político que más tiempo ha ostentado el cargo de primer ministro en la historia de Japón.

6.1.2. Las visitas a Yasukuni

Por otro lado, otro tema de discrepancia y de reciente tensión entre ambos países, atañe a las visitas de los primeros ministros japoneses al santuario sintoísta de Yasukuni[117], al tratarse de un lugar de plegaria para los soldados caídos en combate y donde, desde 1978, comenzó a venerarse a catorce criminales de guerra de «Clase A»[118]. Se trata de una problemática íntimamente ligada con la cuestión del «blanqueamiento» de la historia.

En ambos casos, China lo entiende como una revisión histórica y un agravio a los sucesos acaecidos, al conllevar una menor condena de los actos perpetrados por el imperialismo japonés, así como un elemento más de enaltecimiento del nacionalismo nipón. No en vano, no hay que olvidar que todos estos actos han sido llevados a cabo por los líderes más nacionalistas del Partido Liberal Democrático. Entre los cuales destaca la figura controvertida del exprimer ministro Junichiro Koizumi (2001-2006), que acudió todos los años de su mandato a Yasukuni, esto es, durante seis años seguidos (Bustelo, 2010:66), a pesar del gran malestar que causaba a sus vecinos regionales, Seúl y Pekín (Soto, 2006:5).

No obstante, el que se ha aventurado como el más polémico es el reciente ex primer ministro Shinzo Abe (durante dos mandatos: 2006-2007 y 2012-2020), ya que en diciembre de 2013 acudió al citado santuario en plena crisis por las islas Senkaku/Diaoyu (Yoon, 2013). Todo ello sin contar que en 2006 escribió una polémica monografía, titulada *Hacia una nación hermosa*[119] (*Utsukushii kuni e,* 美しい国へ), que cuestionaba el atroz papel desempeñado por Japón en la Segunda Guerra Mundial. Se trata de planteamientos históricos e ideológicos que obviamente preocupan a Pekín, máxime si se respaldan con acciones, que no ayudan a la mejora de las relaciones.

---

[117] Santuario creado en 1869 para honrar a los soldados caídos por la causa imperial en los distintos conflictos bélicos, desde ese año, del Imperio japonés. De este modo, Yasukuni, se traduce en el ámbito doméstico como un galvanizador del imperialismo japonés (Farrés, 2007:5), de ahí el malestar chino.

[118] Individuos condenados por las mayores atrocidades cometidas por Japón durante la Segunda Guerra Mundial tras los Juicios de Tokio (el equivalente a los Juicios de Nuremberg en Asia, cuyo nombre oficial fue Tribunal Penal Militar Internacional para el Lejano Oriente). Cabe destacar que estos criminales actuaron bajo la política de los «Tres Todos» (*Sanko Sakusen*), cuyo lema era: *«Mátalo todo, quémalo todo, saquéalo todo»*, política auspiciada por el general Ryuchi Tanaka en 1940 y aprobada por las autoridades de Tokio, que ocasionaron la muerte de 2'7 millones de chinos (Bix, 2000).

[119] Abe, Shinzo (2006). *Utsukushii kuni e.* Chiyoda (Tokio): Bungeishunju (edición japonesa); (2007). *Towards a Beautiful Country: My Vision For Japan.* Nueva York: Vertical (edición inglesa).

Fig. 17. Shinzo Abe visitando el santuario de Yasukuni.
Fuente: Toru Hanai (2020).

6.1.3. **Los incidentes en torno a las Senkaku/Diaoyu**

Otro foco de tensión que ensombrece y dificulta las relaciones entre China y Japón es, obviamente, el referido al conflicto territorial que mantienen por la soberanía de las islas Senkaku/Diaoyu[120] (Giné, 2011:95). Éste se ha visto recrudecido por las temerarias actuaciones de los grupos ultranacionalistas de Japón, siendo el episodio más funesto el acaecido en 2012[121]. Aunque lo que más preocupa a la admi-

---

[120] En base a la Convención de las Naciones Unidas sobre el Derecho del Mar (UNCLOS, en sus siglas en inglés), establecida en 1982 y de la que Japón y China forman parte desde 1996; tanto Tokio como Pekín, evidentemente, se disputan mucho más que las ocho islas o rocas que comprenden las islas Senkaku/Diaoyu (6,3 km2) sitas en el mar de China Oriental (véase fig. 18). Y es que el territorio posee un tamaño considerable si se le añade la superficie marítima adscrita a los islotes, según la mencionada legislación internacional podría alcanzar unas 20 mil millas náuticas cuadradas (de hecho, en 1996 Tokio declaró la citada extensión como su soberanía sobre dichas aguas, aunque Pekín no se lo reconoció). En este sentido, el art. 2 del UNCLOS referido al mar territorial expone que «*La soberanía del Estado ribereño se extiende más allá de su territorio y de sus aguas interiores y, en el caso del Estado archipelágico, de sus aguas archipelágicas, a la franja de mar adyacente designada con el nombre de mar territorial. Esta soberanía se extiende al espacio aéreo sobre el mar territorial, así como al lecho y al subsuelo de ese mar*».

[121] Ocasionado por la compra/nacionalización de tres islas de las Senkaku/Diaoyu por parte del Gobierno japonés a un particular. Este hecho contrarió enormemente a Pekín y derivó en grandes manifestaciones antijaponesas (Drifte, 2013).

nistración japonesa es que, desde 2008 hasta la actualidad, buques gubernamentales chinos, e incluso aviones militares, han sobrepasado y accedido a territorio japonés, sin su permiso, sobre las aguas concernientes a las Senkaku/Diaoyu. Estas acciones se han visto elevadas e incluso refrendadas con la declaración del ADIZ chino, en noviembre de 2013, que introduce las Senkaku/Diaoyu dentro del espacio aéreo chino (Kotani, 2015a).

Todos estos hechos son entendidos por la diplomacia japonesa como un medio para socavar y mermar la soberanía efectiva de Tokio sobre las islas. De esta manera, la política china sobre tal contencioso provoca gran malestar y agravio a los japoneses, lo cual implicó una seria reacción del entonces primer ministro japonés, Shinzo Abe, señalando la posibilidad de emplear la fuerza si fuera necesario para asegurar la soberanía de las Senkaku/Diaoyu. Por el contrario, la parte china posee una visión diferente, pues entiende que Japón, tras nacionalizar las islas en 2012, rompió el acuerdo de posponer la solución al conflicto (pacto que Japón siempre ha negado), de ahí sus últimas acciones (véase anexo 9.1., tabla 2).

Fig. 18. Situación de las islas Senkaku/Diaoyu.
Fuente: Elaboración propia.

6.1.4. Resentimientos

Todas estas problemáticas tienen un denominador común, el nacionalismo, ya que el conflicto espolea y potencia el patriotismo interno más exacerbado (Suganuma, 2000:14). Y en ambos casos tienen su punto de inflexión en el fin de la Segunda Guerra Mundial y lo que esta implicó. En este sentido, las Senkaku/Diaoyu, como territorio que según los chinos debería Japón haber devuelto a Pekín de acuerdo con el Tratado de San Francisco[122], se han convertido en el principal factor de tensión entre ambos países. Las otras problemáticas, en cierta medida, giran en torno a ella.

No en vano, para el imaginario popular chino, la obtención de dichas islas (junto a las islas que también se disputan en el mar de China Meridional), implicaría recuperar todos los territorios perdidos a manos del imperialismo extranjero durante el llamado «Siglo de las Humillaciones», que va desde el final de la Primera Guerra del Opio (1842) hasta el de la Segunda Guerra Mundial (1945), y al que puso fin el Partido Comunista Chino (dándole legitimidad en el poder[123]), para restituir su mancillado honor.

6.1.5. Relaciones bilaterales actuales

Finalmente, como elemento esperanzador, desde noviembre de 2014 parece que se están reconduciendo las relaciones bilaterales gracias al reconocimiento de que existen «posiciones diferentes» sobre las islas Senkaku/Diaoyu. Son palabras que por el momento parecen haber aplacado un poco el malestar chino al interpretarse como

---

[122] Se escuchan voces desde China que no sólo reclaman las islas Senkaku/Diaoyu, sino también Okinawa (Long, 2013). Señalan que si la República Popular de China no reclamó la soberanía de las Senkaku/Diaoyu antes de 1971, fue por la esperanza que tenían de que las islas Ryukyu fueran a parar a manos de la República de China (Taiwán) en vez de a Japón, por lo que dado el contexto de la Guerra Fría, no querían perjudicar los intereses de Taipéi y, por ende, los suyos (al considerar a Taiwán la vigésimo-tercera provincia de la RPC). De esta manera, se defienden de las acusaciones japonesas de que tales reclamaciones se debieron al informe de la CEALO que aseguraba la existencia de recursos petrolíferos en la zona (Drifte, 2013). Con todo, podría ser plausible que a largo plazo reclamen los territorios «devueltos» por Estados Unidos a Japón en 1972, puesto que entienden que según la Declaración de El Cairo (1943) y la de Postdam (1945), Japón sólo debería poseer las cuatro principales islas del archipiélago nipón (Honshu, Kyushu, Shikoku y Hokkaido) y las islas aledañas a éstas. No obstante, estas afirmaciones vienen más orientadas a presionar a Japón para que se siente a negociar con China sobre las islas Senkaku/Diaoyu, las cuales fueron anexionadas en 1895 sin un anuncio oficial a la comunidad internacional (véase anexo 9.1., tabla 2).

[123] Fue el PCCh quien puso fin al «Siglo de las Humillaciones», acabando con el caos inherente a la desunión interna (señores de la guerra, guerra civil, etc.), así como por el imperialismo exterior. Con estos puntos, según el confucianismo, el PCCh está legitimado a gobernar, ya que ha supuesto un enorme desarrollo social y económico para China, por lo que oponerse a él sería poner en peligro tales logros y una vuelta al caos (ello en sintonía con el nacionalismo, al acabar con la tutela exterior). Así, irónicamente, quien fue el supresor de tales valores confucianos, ahora se erige en su máximo defensor.

un reconocimiento, aunque sea vago, de que existe un conflicto[124]. No obstante, esta percepción no es compartida por la contraparte nipona.

En cualquier caso, más allá de las interpretaciones, se están produciendo contactos que van en la sintonía de encauzar las relaciones bilaterales (Zhang, 2015). Podemos hablar por lo tanto de un deshielo, desde ese mismo mes de noviembre en el que se produjo una breve reunión entre Xi Jinping y Shinzo Abe durante la cumbre de la APEC celebrada en Pekín, a petición de la delegación nipona[125]. Además, este creciente deshielo se ha visto refrendado con la reinstauración de la cumbre regional a tres bandas (China, Japón y Corea del Sur), celebrada en 2015, tras tres años sin efectuarse como consecuencia del conflicto de las islas Senkaku/Diaoyu y el «problema de la historia»[126].

En esta línea, e incidiendo en los factores cooperativos que fomenten un fructífero entendimiento entre ambos países, existe una gran interrelación económica entre China y Japón. Dicha interrelación exige una gran interdependencia económica que fomenta el entendimiento entre ambos países, algo que se ha visto reforzado tras la entrada de China en la OMC (2002), que propicia y da un espaldarazo al actual sistema internacional. Además, los dos países participan en una serie de organismos o foros como la APEC o la ASEAN+3, que abren nuevos canales de comunicación, así como apelan y fomentan la cooperación. En fin, acontecimientos como el gran terremoto del 11 de marzo de 2011 que asoló Japón, o las posiciones que se han tomado últimamente tras el desafío norcoreano, acercan las sensibilidades.

En definitiva, todo ello muestra que China y Japón, a pesar de las tensiones eventuales que padecen por las distintas problemáticas, y cuyo epicentro actual es la soberanía sobre las Senkaku/Diaoyu, tienen sobrados argumentos para poder solventar sus discrepancias por medios diplomáticos, puesto que tienen mucho más que perder si no fuera así. Así, en 2020 aconteció de nuevo una gran prueba de fuego para las relaciones bilaterales, pues en dicho mes tuvo lugar el discurso de Shinzo Abe en conmemoración del 75 aniversario del fin de la Segunda Guerra Mundial[127]. China tuvo muy en cuenta las palabras del entonces primer ministro Abe quien, si

---

[124]   Vidal, Macarena (2014). «China y Japón acuerdan pasos para destensar su relación». [en línea]. *El País digital*, 7 de noviembre de 2014. URL:<http://internacional.elpais.com/internacional/2014/11/07/actualidad/1415364825_083451.html> [Consulta: 27 de febrero de 2023].

[125]   Díez, Pablo M. (2014). «Xi Jinping y Shinzo Abe rompen el hielo entre China y Japón». [en línea]. *ABC*, 10 de noviembre de 2014. URL:<http://www.abc.es/internacional/20141110/abci-cumbre-asia-pacifico-201411101634.html> [Consulta: 1 de abril de 2023].

[126]   Vidal, Macarena (2015). «Pekín, Seúl y Tokio avanzan un paso en deshielo de sus relaciones». [en línea]. *El País digital*, 21 de marzo de 2015. URL:<http://internacional.elpais.com/internacional/2015/03/21/actualidad/1426947584_772426.html > [Consulta: 21 de marzo de 2023].

[127]   Aunque oficialmente la contienda finalizó el 2 de septiembre de 1945, con la capitulación del Imperio japonés.

bien no decidió continuar con la visión más revisionista de la historia y que pudiera derivar en una fuerte tensión entre ambos países, sí apeló en cierta medida a superar el pensamiento de que Japón no tiene derecho a ser un «país normal». Es decir, a abolir el artículo 9 de su constitución para poder usar la fuerza militar en el exterior o el derecho a la beligerancia.

7

CONSIDERACIONES FINALES

En definitiva, las relaciones internacionales entre ambos países se han visto claramente marcadas por la visión del «otro» y por los avatares de la influencia e incidencia de países terceros que han confeccionado su actitud y diplomacia. Si bien en un principio Japón tenía suma admiración por China, todo ello quedará truncado por la súbita derrota de China a manos de las potencias occidentales que, a la postre, pondrán sobre aviso a las autoridades japonesas, en especial con el advenimiento de la Restauración Meiji.

En este sentido, Japón ya no verá a China como un modelo a imitar, sino como un país del que poder explotar y expoliar sus recursos, pues hacían propios los postulados del imperialismo europeo y, a una velocidad vertiginosa, Japón se convirtió en el alumno aventajado de tales prácticas, que se traducirán en sendas guerras con China, en donde la deshumanización perpetrada por las tropas japonesas contra población civil china alcanzará cotas hasta entonces inimaginables.

Con todo, la derrota en la Segunda Guerra sino-japonesa significará un severo correctivo para la mentalidad imperialista nipona, dando comienzo con el paso de las décadas a una relación de cierta igualdad y concordia, especialmente al compartir el enemigo soviético. Una vez desaparecido este, volverán a florecer los resentimientos y, desde China, las ansias de recuperación del estatus de liderazgo perdido ante el advenimiento de las fuerzas foráneas a la región de Asia-Pacífico.

Ahora, en el siglo XXI, China y Japón, grandes potencias a nivel mundial, deberán aprender y comprender al «otro», que al fin y al cabo es vecino, para adaptarse a los nuevos retos que plantea la nueva centuria (ya no sólo de seguridad regional en cuanto a equilibrio de potencias, sino también medioambientales, tecnológicos y un largo etcétera), para no cometer y repetir los mismos errores del pasado que desemboquen en una tercera guerra sino-japonesa. Afortunadamente, existe una interdependencia económica que dificulta que estemos condenados a repetir la historia, pero si se dinamitan esos lazos, fruto de los recelos y resentimientos ocasionados por un pasado traumático y mal aceptado, un nuevo conflicto entre ambos países puede estar de nuevo a las puertas. Por todo ello, la necesidad de estudiar la evolución de las relaciones internacionales y los hechos que marcaron el devenir de ambos países para hacer frente a las nuevas vicisitudes que presentan los nuevos tiempos y actores.

8
BIBLIOGRAFÍA

ABAD, Gracia (2011). «Las nuevas líneas fundamentales del Programa de Defensa Nacional de Japón y las relaciones sino-japonesas». En *Real Instituto Elcano* (ARI), N.º 21, 2011.

ABE, Shinzo (2006). *Utsukushii kuni e.* Chiyoda (Tokio): Bungeishunju (edición japonesa); (2007). *Towards a Beautiful Country: My Vision For Japan.* Nueva York: Vertical (edición inglesa).

ANDERSON, Richard W. (2002). «Jingū Kōgō "Ema" in Southwestern Japan: Reflections and Anticipations of the "Seikanron" Debate in the Late Tokugawa and Early Meiji Period». En *Asian Folklore Studies,* Vol. 61, N.º 2, 2002, pp. 247-270. URL: <http://www.jstor.org/stable/1178973 > [Consulta: 2 de abril de 2015].

ARANA, Ismael (2021). «Fumio Kishida es investido como nuevo primer ministro de Japón». [en línea]. *La Vanguardia*, 4 de octubre de 2021. URL:< https://www.lavanguardia.com/internacional/20211004/7765753/fumio-kishida-investido-nuevo-primer-ministro-japon.html > [Consulta: 21 de octubre de 2021].

ARASE, David (2007). «Japan, the Active State?: Security Policy after 9/11». En *Asian Survey,* Vol. 47, N.º 4, julio/agosto de 2007, pp. 560-583.

BAILEY, Paul J. (2002). *China en el siglo xx.* Barcelona: Ariel.

BAÑOS, Pedro (2018). *Así se demonina el mundo: Desvelando las claves del poder mundial.* Barcelona: Ariel.

BARBE, Esther (2008). *Relaciones internacionales.* Madrid: Tecnos.

BEASLEY, W.G. (1990). *The Rise of Modern Japan.* Londres: Pelgrave Macmillan.

— (1995). *Historia contemporánea de Japón.* Madrid: Alianza Editorial.

BENEDICT, Ruth (2001). *El crisantemo y la espada.* Madrid: Alianza Editorial.

BIANCO, Lucien (1999). *Los orígenes de la revolución china.* Barcelona: Edicions Bellaterra (Colección Biblioteca China contemporánea).

BIJIAN, Zheng (2005). *China's 'Peaceful Rise' to Great Power Status.* En: *Foreign Affairs.* Vol. 84, N.º 5.

BIX, Herbert P. (2000). *Hirohito and the Making of Modern Japan.* Nueva York: HarperCollins.

BOOTH, Tamzin (2014). «La crisis que viene: El Abenomics, al desnudo en Japón». En *El mundo en 2015 (The Economist / Tiempo),* diciembre de 2014.

BRZEZINSKI, Zbigniew (1998). *El gran tablero mundial.* Barcelona: Paidós.

BUCKLEY EBREY, Patricia (2009). *Historia de China.* Madrid: La esfera de los libros.

BUCKLEY, Roger (1985). *Japan Today.* Cambridge: Cambridge University Press.

BUENO, Rafael (2009). «Política exterior i seguretat» (Capítol II). En *Claus per a entendre la Xina del segle xxi,* Anna Busquets (coord). Barcelona: Editorial UOC.

BUSTELO, Pablo (2010). *Chindia: Asia a la conquista del siglo xxi.* Madrid: Tecnos y Real Instituto ElCano.

BUSZYNSKI, Leszek (2013). «The South China Sea Maritime Dispute: Legality, Power, and Conflict Prevention». En *Asian Journal of Peacebuilding,* Vol. 1, N.º 1, 2013, pp. 39-63.

BUZAN, Barry (2010). «China in International Society: Is "Peaceful Rise" Possible?». En *The Chinese Journal of International Politics*, Vol. 3, 2010, pp. 5-36.

CAI, Hong; ZHANG, Qing; ZHANG, Yunbi (2013). «Anger over Abe's shrine visit». [en línea]. *China Daily*, 27 de diciembre de 2013. URL:<http://europe.chinadaily.com.cn/world/2013-12/27/content_17199555_2.htm > [Consulta: 27 de diciembre de 2013].

CANTÓN, José Antonio (2014). *La Rebelión Taiping*. Granada: Comares.

CHANG, Iris (2016). *La Violación de Nanking*. Madrid: Capitán Swing Libros.

COLLCUTT, M.; JANSEN, M; KUMAKURA, I. (1992). *Japón: el Imperio del Sol Naciente (vol.2)*. En *Atlas culturales del mundo*. Madrid: Folio/Ediciones del Prado.

CONFUCIO (Maestro Kong) (2009). *Lun yu: Reflexiones y enseñanzas*. Barcelona: Editorial Kairós.

COOX, A. (1988). «The Pacific War». En *The Cambridge History of Japan. The Twentieth Century* (Vol. 6), P. Duus (coord.). Cambridge: Cambridge University Press.

DELAGE, Fernando (2009). «El sistema político de Japón». En *Sistemas políticos comparados de Asia Oriental*. Barcelona: Editorial UOC.

DÍEZ, Pablo M. (2014). «Xi Jinping y Shinzo Abe rompen el hielo entre China y Japón». [en línea]. *Abc*, 10 de noviembre de 2014. URL:<http://www.abc.es/internacional/20141110/abci-cumbre-asia-pacifico-201411101634.html > [Consulta: 1 de abril de 2023].

DOMENACH, Jean-Luc (2005). *¿Adónde va China?*. Barcelona: Paidós.

DONOSO, Isaac (2011). *El Islam en Filipinas (siglos X-XIX)* (tesis doctoral). Alicante: Universidad de Alicante.

DRIFTE, Reinhard (2013). «The Senkaku/Diaoyu islands territorial dispute between Japan and China: Between the materialization of the 'China Threat' and Japan 'reversing the outcome of World War II'?». En *UNISCI Discussión Papers,* N.º 32, Mayo de 2013.

EASTMAN, Lloyd E. (1984). *Seeds of Destruction: Nationalist China in War and Revolution, 1937-1949*. Stanford: Stanford University Press.

ELIZALDE, María Dolores (2011). «Las relaciones entre España y Estados Unidos en el umbral de un nuevo siglo». En *España y Estados Unidos en el siglo XX*, María Dolores Elizalde y Lorenzo Delgado (eds.). Madrid: Consejo Superior de Investigaciones Científicas (CSIC).

FAIRBANK, J.K.; TWITCHETT, D.C. (eds.). (1978). *The Cambridge History of China*. Cambridge: Cambridge University Press.

— (1990). *Historia de China: siglos XIX y XX*. Madrid: Alianza Editorial.

FAIRBANK, J. K.; GOLDMAN, M. (1999). *China: A new History*. Cambridge (Massachusetts): The Belknap Press of Harvard University Press.

FARRÉS, Oriol (2007). «La memòria històrica en la construcció del nou Japó. Dilemes nacionals i conflictivitat regional». En *Japó, el sol renaixent*, N.º 101. Barcelona: Fundación CIDOB. URL:<http://www.cidob.org/es/publicaciones/revistas/dcidob/japo_el_sol_renaixent > [Consulta en línea 20 de noviembre de 2013].

FEIS, Herbert (1950). *The Road to Pearl Harbor*. Princeton (New Jersey): Princeton University Press.

FOLCH, Dolors (2001). *La construcción de China*. Barcelona: Empúries.

FRANKE, H.; TRAUZTTEL, R. (1980). *El Imperio Chino*. Madrid: Siglo XXI Editores.

FRÈCHES, José (2006). *Érase una vez China: de la Antigüedad al siglo XXI*. Madrid: Gran Austral.

GARCÍA Segura, C.; PAREJA ALCARAZ, P. (2010). «Relacions internacionals a l'Àsia oriental entre el 1945 i el 1989». En *Política internacional a l'Àsia oriental*, Lluc López i Vidal (coord.). Barcelona: Editorial UOC, pp.1-68.

GELBER, Harry G. (2008). *El dragón y los demonios extranjeros: China y el mundo a lo largo de la historia*. Barcelona: RBA, pp. 372-383.

GERNET, Jacques (2005). *El mundo chino*. Barcelona: Crítica.

GIL, Tamara (2014). «Los 14 principios políticos de Xi Jinping para convertir a China en superpotencia y que lo ponen a la altura de Mao Zedong». [en línea]. En *BBC Mundo*, 24 de octubre de 2017. URL:<https://www.bbc.com/mundo/noticias-internacional-41729175> [Consulta: 11 de mayo de 2023].

GINÉ, Jaume (2011). «Japó, abans i després de Fukushima». En *Centre d'Estudis Jordi Pujol*, VIA, N.º 16. Septiembre 2011.

GORDON, Peter; MORALES, Juan José (2017). *The Silver Way: China, Spanish America and the birth of globalization, 1565-1815*. Australia: Penguin Books.

HAGSTRÖM, Linus (2009). «Sino-Japanese relations: The ice that won't melt». En *International Journal*. Invierno de 2008-09, pp. 223-240.

HALL, John Whitney (1970). *El Imperio Japonés*. Madrid: Siglo XXI Editores.

HANE, Mikiso (2010). *Breve historia de Japón*. Madrid: Alianza Editorial.

HART, Liddell (2006). *Historia de la Segunda Guerra Mundial*. Mollet del Vallés (Barcelona): Caralt.

HENSON, María Rosa (1996). *Confort Woman. Slave of Destiny*. Manila: Philippine Center for Investigative Journalism.

HOLCOMBE, Charles (2016). *Una historia de Asia oriental: De los orígenes de la civilización al siglo XXI*. Ciudad de México: Fondo de Cultura Económica.

HSU, Emmanuel (2000). *The Rise of Modern China*. Oxford: Oxford University Press.

JANSEN, Marius B. (2000). *The Making of Modern Japan*. Cambridge (Massachusetts): The Belknap Press of Harvard University Press.

KIM, Seonmin (2017). *Ginseng and Borderland: Territorial Boundaries and Political Relations between Qing China and Choson Korea, 1636-1912*. Oakland: University of California Press.

KIMURA, Naoko (2009). «出島復元事業について» («*Dejima fukugen jigyō ni tsuite*»). En *Departmental bulletin paper* (Ochanomizu University), 31 de marzo de 2009, pp. 51-63.

KISSINGER, Henry (2012). *China*. Barcelona: Debate.

KONDO, A.Y. (1999). *JAPÓN: Evolución histórica de un pueblo (hasta 1650)*. Guipúzcoa: Nerea.

KOSHIRO, Yukiko (2013). *Imperial Eclipse: Japan's strategic thinking about continental Asia before August 1945*. Ithaca (Nueva York): Cornell University Press.

KOTANI, Tetsuo (2015a). «Crisis Management in the East China Sea». En *SIPRI Policy Brief*, febrero de 2015.

— (2015b). «Maintaining Good Order at Sea in Asia: Opportunities and Challenges». [en línea]. En *EU-Asia Dialogue*. URL:<http://www.eu-asia.eu/index.php?eID=tx_nawsecuredl&u=0&file=fileadmin/ KAS_Files/documents/Paper_Kotani.pdf&t=1428103490&hash=0c702d162da3936e9085b5fc8d75f-5701b7ae703 > [Consulta: 2 de abril de 2015].

LALINDE, Luis M. (2017). «Las relaciones entre Estados Unidos y China: ¿Necesidad de un Cuarto Comunicado Conjunto?». En *Jiexi Zhongguo: Análisis y pensamiento latinoaméricano sobre China*, N.º 25.

— (2018). «Las islas Senkaku/Diaoyu: Causas y consecuencias de un desencuentro entre Japón y China». En *Jiexi Zhongguo: Análisis y pensamiento latinoaméricano sobre China*, N.º 27.

LAO ZI (1998). *Tao te King: Lao zi*. Madrid: Ediciones Siruela.

LEGARDA Jr., Benito J. (1999). *After the Galleons: Foreign Trade, Economic Change and Entrepreneurship in the Nineteenth Century Phillippines*. Quezon City: Ateneo de Manila University Press.

LÓPEZ I VIDAL, Lluc (2010). *La política exterior y de seguridad japonesa*. Barcelona: Editorial UOC.

MAHAN, Alfred T. (2007). *La influencia del poder naval en la historia* (editado por Gonzalo Parente Rodríguez). Madrid: Ministerio de Defensa.

MANCHESTER, William (1978). *American Caesar: Douglas MacArthur 1880-1964*. Boston: Little, Brown and Company.

MAYO, Marlene J. (1972). «The Korean Crisis of 1873 and Early Meiji Foreign Policy». En *The Journal of Asian Studies*, Vol. 31, Issue 4, agosto 1972, pp. 793-819.

MARTÍNEZ-ROBLES, David (2007). *La participación española en el proceso de penetración occidental en China: 1840-1870* (Tesis doctoral). Barcelona: Universitat Pompeu Fabra.

MARTÍNEZ-ROBLES, D.; PRADO-FONTS, C.; RELINQUE ELETA, A. (2008). *Narrativas chinas: Ficciones y otras formas de no-literatura*. Barcelona: Editorial UOC.

MARTÍNEZ-ROBLES, David; SASOT, Albert (2011a). «El siglo XIX: tiempos de crisis, tiempos de cambio: Del hundimiento del último Imperio chino a la emergencia del Imperio colonial japonés». En *Historia de Asia Oriental II: siglos XIX i XX*, David Martínez-Robles y Albert Sasot. Barcelona: Editorial UOC.

Martínez-Robles, David; Sasot, Albert (2011b). «La primera mitad del siglo xx: Entre la primera y la segunda guerra sino-japonesa». En *Historia de Asia Oriental II: siglos xix i xx*, David Martínez-Robles y Albert Sasot. Barcelona: Editorial UOC.

Martínez-Robles, David; Sasot, Albert (2011c). «De la posguerra mundial al siglo xxi: Reconstrucción y definición de un nuevo orden en Asia oriental». En *Historia de Asia Oriental II: siglos xix i xx*, David Martínez-Robles y Albert Sasot. Barcelona: Editorial UOC.

Martínez-Robles, David (2014). *Imperialismo, totalitarismo y transición en China y Japón*. Barcelona: Editorial UOC.

Moreno, Julia (1992). *El Extremo Oriente, siglo xx*. Madrid: Editorial Síntesis.

Murakami, Yusuke (2011). «Asia del Este y la política exterior de Japón: desafíos para el siglo xxi». En *Agenda Internacional*, Año XVIII, N.º 29, pp. 19-54.

Pareja, Pablo (2010). *Actores y orden en las relaciones internacionales: El papel de la República Popular de China y Japón en la construcción del orden regional de Asia Oriental* (Tesis doctoral). Barcelona: Universitat Pompeu Fabra.

Pareja Alcaraz, P.; García Segura, C. (2010). «Las necesidades energéticas de Asia Oriental». En *Revista CIDOB d'Afers Internacionals*, N.º 89-90, abril/mayo de 2010, pp.29-44.

Pelletier, Philippe (2011). *L'Extrême-Orient: L'invention d'une histoire et d'une géographie*. París: Editions Gallimard.

Pérez Sánchez, Guillermo A. (2006). «El mundo asiático y oceánico» (Capítulo X). En *Historia del Mundo Actual (desde 1945 hasta nuestros días)*, Díez; Martín; Martínez; Pelaz; Pérez López; Pérez Sánchez (eds.). Valladolid: Universidad de Valladolid.

Pyle, K. (1996). *The Making of Modern Japan*. Lexington (Massachusetts): Heath.

Ramírez, Raúl (2018). *Historia de China contemporánea*. Madrid: Editorial Síntesis.

Rees, Laurence (2009). *El holocausto asiático: Los crímenes japoneses en la segunda guerra mundial*. Barcelona: Crítica.

Reischauer, Edwin O. (1990). *Japan: The Story of a Nation*. Nueva York: McGraw-Hill Publishing Company.

Reischauer, E.; Jansen, M. (1995). *The Japanese Today*. Cambridge (Massachusetts): The Belknap Press of Harvard University Press.

Ríos, Xulio (2013a). «Las crisis en los mares de China: implicaciones geopolíticas y en materia de seguridad». En *Panorama Estratégico*, N.º 1, pp. 139-167.

— (2013b). «El conflicto China-Japón». En *Anuario CEIPAZ*, N.º 6, 2013-2014, pp. 113-128. URL: <http://dialnet.unirioja.es/servlet/articulo?codigo=4273395> [Consulta en línea 31 de diciembre de 2018].

— (2016). *China moderna*. Barcelona: Tibidabo Ediciones.

— (2018). *La China de Xi Jinping*. Madrid: Editorial Popular.

Rodao, Florentino (2001). «Japón y Estados Unidos dentro de las relaciones exteriores de Corea». En *Corea frente a los desafíos del siglo xxi*, Ojeda; de Laurentis; Hidalgo (ed.). España: Centro Español de Investigaciones Coreanas (C.E.I.C.).

— (2016). «España y Japón durante en la II Guerra Mundial contextualización de una relación cambiante». En *Estados Unidos, Alemania, Gran Bretaña, Japón y sus relaciones con España entre la guerra y la postguerra*, Joan Maria Thomàs (coord.). Madrid: Universidad Pontificia Comillas (Colección Biblioteca Comillas Relaciones Internacionales).

Rodrigo Calvo, Rosa María (2011). *Multilateralismo y minilateralismo en el orden regional de Asia oriental: un análisis de las conversaciones a seis bandas* (Trabajo de Fin de Máster). Barcelona: Universitat Oberta de Catalunya.

Robinson, Thomas W. (1997). «Chinese Foreign Policy from the 1940s to the 1990s». En *Chinese Foreign Policy. Theory and Practice*, eds. Thomas W. Robinson y David Shambaugh. Oxford: Clarendon Press.

Ruiz, Claudia (2019). *De Mao a la Nueva Ruta de la Seda: El camino de China al Liderazgo Mundial*. Londres: Samizdat Editores.

Sáenz-Francés, Emilio (2016). «De águilas y leones. Diplomacia británica en España 1939-1953. Tiempo de guerra y era de cambios». En *Estados Unidos, Alemania, Gran Bretaña, Japón y sus relaciones con España entre la guerra y la postguerra,* Joan Maria Thomàs (coord.). Madrid: Universidad Pontificia Comillas (Colección Biblioteca Comillas Relaciones Internacionales).

Santacreu, José Miguel; Millán, Vicente; Carbonell, Lola (1999). *La clase de tropa, 1898: Guerras de ultramar y San Vicente del Raspeig.* San Vicente del Raspeig (Alicante): Ayuntamiento de San Vicente del Raspeig.

Schirokauer, Conrad; Lurie, David; Gay, Suzanne (2014). *Breve historia de la civilización japonesa.* Barcelona: Edicions Bellaterra.

Schwentker, Wolfgang (2006). *Los samuráis.* Madrid: Alianza Editorial.

Soto, Augusto (2006). «Las relaciones entre Japón y China: ¿puede continuar la enrarecida atmósfera bilateral?». En *Real Instituto Elcano* (ARI), N.º 62, 2006.

Spence, Jonathan D. (2011). *En busca de la China moderna.* Barcelona: Tusquets Editores.

Suganuma, Unryu (2000). *Sovereign Right and Territorial Space in Sino-Japanese Relations: Irredentism the Dioayu/ Senkaku Islands.* Honolulu: University of Hawai'i Press & Association for Asian Studies.

Tamames, Ramón (2008). *El siglo de China: de Mao a primera potencia mundial.* Barcelona: Planeta.

Tennant, Roger (1996). *A History of Korea.* Londres: Routledge.

Turnbull, Stephen (2010). *The Mongol Invasions of Japan 1274 and 1281.* Oxford: Osprey Publishing.

— (2020). «Viento divino. Las invasiones mongolas de Japón». En *Desperta Ferro* (Historia Antigua y Medieval), Número 12, *Los Mongoles.*

Vidal, Macarena (2014). «China y Japón acuerdan pasos para destensar su relación». [en línea]. *El País digital,* 7 de noviembre de 2014. URL:<http://internacional.elpais.com/internacional/2014/11/07/actualidad/1415364825_083451.html > [Consulta: 21 de febrero de 2023].

— (2015). «Pekín, Seúl y Tokio avanzan un paso en deshielo de sus relaciones». [en línea]. *El País digital,* 21 de marzo de 2015. URL:<http://internacional.elpais.com/internacional/2015/03/21/actualidad/1426947584_772426.html > [Consulta: 21 de marzo de 2023].

Wallerstein, I. (2010), «What Cold War in Asia? An Interpretative Essay». En *The Cold War in Asia. The Battle for Hearts and Minds,* Zheng; Liu; Szonyi(eds.). Leiden/Boston: Brill, pp. 15-24.

Weber, Max (1978). *Economy and Society: An Outline of Interpretetive Sociology.* Berkeley: University of California Press.

Yin, James; Young, Shi (1997). *Rape of Nanking: An Undeniable History in Photographs.* Chicago: Editorial Triumph Books.

Yoon, Lina (2013). «El primer ministro japonés enfada a China y a Corea del Sur». [en línea]. *El País digital,* 26 de diciembre de 2013. URL:<http://internacional.elpais.com/internacional/2013/12/26/actualidad/1388048217_140772.html> [Consulta: 26 de diciembre de 2016]. URL: < http://www.eai.nus.edu.sg/EWP159.pdf> [Consulta: 2 de abril de 2023].

Zhang, Tuosheng (2015). «Building Trust Between China and Japan: Lessons Learned from Bilateral Interactions in the East China Sea». En *SIPRI Policy Brief,* febrero de 2015.

Documentos

Tratado de Shimonoseki. [en línea]. En *Taiwan Basic.* URL:< https://www.taiwanbasic.com/treaties/Shimonoseki.htm> [Consulta: 13 de septiembre de 2023]

Convención de las Naciones Unidas sobre el Derecho del Mar. [en línea]. En Naciones Unidas, 1982. URL:<http://www.cinu.org.mx/temas/Derint/convemar_es.pdf> [Consulta: 1 de abril de 2016]

Perspectivas y acciones para promover la construcción conjunta de la Franja Económica a lo largo de la Ruta de la Seda Marítima del siglo XXI. [en línea]. En Ministerio de la Relaciones Exteriores de la República Popular de China, 28 de marzo de 2015. URL:< http://www.fmprc.gov.cn/esp/zxxx/t1252441.shtml > [Consulta: 1 de mayo de 2015]

Tratado de Cooperación y Seguridad Mutua entre Estados Unidos y Japón. [en línea]. Ministerio de Asuntos Exteriores japonés. URL:<http://www.mofa.go.jp/region/n-america/us/q&a/ref/1.html> [Consulta: 13 de diciembre de 2016]

PÁGINAS WEB

Ministerio de Asuntos Exteriores de Japón: URL:<http://www.mofa.go.jp/> [Consulta: 1 de abril de 2023].
Ministerio de Relaciones Exteriores de la República Popular de China: URL:<http://www.fmprc.gov.cn/esp/> [Consulta: 27 de diciembre de 2022].

9
ANEXOS

9.1. Cuadros cronológicos

Tabla 1. Evolución de la Guerra Fría en Asia Oriental.

Acontecimientos	Duración	Actores implicados	Dinámica predominante
Conferencia de Yalta[127]	1945	Estados Unidos, Gran Bretaña y la Unión Soviética	Consenso
Ocupación norteamericana de Japón[128]	1945-1952	Estados Unidos, Japón	Acercamiento
Reanudación Guerra Civil china[129]	1945-1949	Kuomintang (KMT) y Partido Comunista Chino (PCCh)	Conflicto
Tratado entre URSS y China	1950	China y Unión Soviética	Alianza
Guerra de Corea	1950-1953	Estados Unidos y Corea del Sur secundados por ONU; y por otro lado, Corea del Norte y China secundadas por URSS	Conflicto
Tratado de Amistad, Comercio y Cooperación	1953-actualidad	Entre USA y Japón	Alianza
Tratado del Sudeste Asiático (SEATO)	1954-1977	Formado por Gran Bretaña, Francia, Nueva Zelanda, Australia, Pakistán, USA, Filipinas y Tailandia	Alianza

[127] En febrero de 1945 se reunieron en Yalta los «Tres Grandes» (Estados Unidos, Gran Bretaña y la URSS), en donde dividían el mundo en dos esferas de influencia (Wallerstein, 2010:11).

[128] Tras la Segunda Guerra Mundial EE.UU. ocupó Japón, por lo que Tokio entró dentro de la influencia norteamericana en el contexto de la Guerra Fría. Asimismo, con la Guerra de Corea, pasarán a ser aliados gracias al comercio (Moreno, 1992:156).

[129] A pesar de la oposición de Stalin que deseaba una división del territorio chino similar a Corea para delimitar las zonas de influencia, Mao Zedong decidió tomar toda China (Wallerstein, 2010:21).

Acontecimientos	Duración	Actores implicados	Dinámica predominante
Conferencia de Bandung (Indonesia)	1955	No-alineamiento de 28 países de Asia y África	Consenso
Guerra de Vietnam[130]	1955-1975	USA y Vietnam del Sur contra Vietnam del Norte apoyada logística e ideológicamente por el bloque comunista.	Conflicto
Restablecimiento de relaciones tras la guerra[131]	1956	Japón y Unión Soviética	Acercamiento
Bombardeo de las islas Quemoy y Matsu (Taiwán)	1958	China (desaprobado por la URSS) y Taiwán	Conflicto
«Gran Salto Adelante»	1958-1961	URSS critica a China su política	Distanciamiento
Visita de Khruschev a Pekín	1959	China y la Unión Soviética	Distanciamiento
Ruptura China-URSS[132]	1960	China y la Unión Soviética	Distanciamiento
Firma del Acuerdo de Cooperación	1962	China (desaprobado por la URSS) y Albania	Alianza
Enfrentamiento por las fronteras del Himalaya	1962	China e India (apoyada indirectamente por la URSS)	Conflicto
Primera prueba nuclear de China	1964	China y Unión Soviética	Distanciamiento
Revolución Cultural	1966-1976	China-resto del mundo	Distanciamiento
Enfrentamiento en el Rio Ussuri	1969	China y Unión Soviética	Conflicto
Reunión secreta[133]	Julio de 1971	China (Zhou Enlai) y USA (Henry Kissinger)	Acercamiento
Primer Comunicado Conjunto (*Comunicado de Shanghai*)	1971	China (Mao Zedong) y Estados Unidos (Nixon)	Consenso
Visita del Primer Ministro japonés[134]	1972	China (Mao Zedong) y Japón (Tanaka Kakuei)	Acercamiento
Segundo Comunicado Conjunto	1978	China (Deng Xiaoping) y Estados Unidos (James Carter)	Consenso
Tratado de Amistad	1978	China y Japón	Acercamiento

[130]   La Guerra de Vietnam tiene su precedente inmediato en la lucha por la independencia de la Francia como parte de Indochina (colonia). Hubo una paz en Ginebra (1954) que USA no aceptó por el temor a que los comunistas se hiciesen con el control de todo el país, sustituyendo a los franceses (Wallerstein, 2010:22).

[131]   Hall, J.W. (1970). *El Imperio Japonés*. Madrid: Siglo XXI Editores, pp. 322-330.

[132]   Después de una suma de desavenencias «*La Unión Soviética interrumpe de repente su ayuda en 1960, rompe los contratos de cooperación técnica y científica y hace regresar a todos sus técnicos. China entra desde entonces en un largo período de aislamiento internacional*» (Gernet, 2005:587).

[133]   Esta reunión fue posible gracias a la llamada «*diplomacia del ping-pong*», como consecuencia de la invitación que recibió la Federación de tenis de mesa de EE.UU. por parte de la República Popular para realizar una gira de una semana por China (Bueno, 2009:158).

[134]   Con dicha visita se restablecieron las relaciones entre ambas potencias (Beasley, 1990:352).

Acontecimientos	Duración	Actores implicados	Dinámica predominante
Ley de relaciones con Taiwán	1979	Taiwán y Estados Unidos	Alianza
Invasión de Camboya[135]	1979	Camboya (apoyada por China) y Vietnam (por la URSS)	Conflicto
Tratado Sino-japonés de Intercambios Culturales	6/12/1979	China y Japón	Cooperación
Tratado de Cooperación Tecnocientífica	Mayo de 1980	China y Japón	Cooperación
Tercer Comunicado Conjunto[136]	1982	China (Deng Xiaoping) y Estados Unidos (Reagan)	Consenso
Visita de Gorbachov	1989	China y Unión Soviética	Acercamiento
Plaza de Tiananmen	1989	China y Comunidad Internacional	Distanciamiento
Caída Muro de Berlín	1989	Bloque comunista y capitalista	Distensión
Desaparición de la URSS	1991	Bloque comunista: en Europa desaparece; en Asia pervive con nuevos rasgos capitalistas	Distensión

Fuente: Elaboración propia a partir de Hall (1970); Moreno García (1992); Beasley (1995); Gernet (2005); Bueno (2009); García Segura, Pareja Alcaraz (2010); Wallerstein (2010); López i Vidal (2010, 2012); Ríos (2013); y, el *Ministry of Foreign Affairs of Japan* (MOFA).

Tabla 2. Cuadro cronológico de las islas Senkaku/Diaoyu.

Antecedentes e incidentes históricos sobre la soberanía de las islas Senkaku/Diaoyu		
Fecha	Acontecimientos	Actores implicados
1372	**China alega que descubrió las islas Senkaku/Diaoyu en dicha fecha** China argumenta su uso histórico desde la Dinastía Ming (1368-1644), como muestra de su soberanía, algo que se entiende en los documentos de la época al situarla dentro de los mapas pertenecientes a la nación china, puesto que parece ser que era punto de parada para navegantes y pescadores chinos.	China
1403	**Existencia de documentos que justifican la titularidad china** En archivos históricos chinos se refleja el descubrimiento de las islas, así como se detallan sus características geográficas.	China
1556	**Las islas se incorporan a la defensa marítima de China**	China

[135]   García Segura, C.; Pareja Alcaraz, P. (2010) «Relacions internacionals a l'Àsia oriental entre el 1945 i el 1989». En *Política internacional a l'Àsia oriental*, Lluc López i Vidal (coord.) Barcelona: Editorial UOC, pp. 50-53.

[136]   Los tres comunicados conjuntos entre China y USA suponían un acercamiento entre ambas potencias, pero a su vez un distanciamiento de esta última con Taiwán. No obstante, solo supusieron serias discrepancias puntuales, dada la manifiesta dependencia de la isla ante EE.UU. (especialmente militar).

Antecedentes e incidentes históricos sobre la soberanía de las islas Senkaku/Diaoyu	
1884	**Las islas comienzan a ser frecuentas por ciudadanos japoneses para explotar sus recursos naturales** Ello es fruto por la anexión de las islas Ryukyu en 1879, que supuso una mayor presencia en la zona cada vez más enfocada a extenderse por esos lares, tal y como refleja la inmediata anexión de Formosa e islas Pescadores.	Japón Reino de Ryukyu
1895	**Japón anexiona las islas** Al certificar que eran «tierra de nadie», el Gobierno japonés toma posesión de las islas como parte de la Prefectura de Okinawa.	Japón
1895	**Tratado de Shimonoseki** Pone fin a la guerra sino-japonesa (1894-1895), en donde China cede a Japón: Formosa y las islas Pescadores, sin hacer alusión a las Senkaku/Diaoyu.	China y Japón
1896	**La isla es habitada por ciudadanos japoneses** Se establece una empresa japonesa para la conserva del pescado bonito que se mantiene hasta 1940. Habitándose la isla principal durante ese tiempo y llegando a tener una población de 200 habitantes.	Japón
1943	**Declaración de El Cairo** Japón deberá devolver todos los territorios adquiridos a partir de 1914 y todos aquellos conquistados a China.	EE.UU., URSS, Reino Unido
1945	**Declaración de Potsdam** En ella se establecen los términos de la posible rendición japonesa. Estipulando que Japón tan sólo mantendrá las cuatro grandes islas del archipiélago nipón y las pequeñas islas que ellos determinen.	EE.UU., URSS, Reino Unido
1945-1952	**Ocupación estadounidense de Japón** Tras finalizar las Segunda Guerra Mundial, Japón queda bajo mandato de las autoridades estadounidenses.	Estados Unidos y Japón
1951	**Tratado de San Francisco** Tratado de paz entre Japón y las potencias aliadas tras la Segunda Guerra Mundial. En él se establecía la renuncia de todas las posesiones japonesas conquistadas desde finales del s. XIX. Regresando Formosa e islas Pescadores a China. Aunque las islas Ryukyu quedaron bajo administración fiduciaria estadounidense.	Japón, China y Estados Unidos (fue rubricado por 49 países)
1952	**Tratado de Paz de Japón con la República de China (Taiwán)** En él, Japón renuncia explícitamente a Formosa, islas Pescadores, Paracel y Spratly, así como a los territorios anteriormente chinos (en sintonía con el Tratado de San Francisco).	Japón y Taiwán
1968	**Naciones Unidas emite un informe en donde señala que las islas poseen grandes recursos energéticos** La Comisión Económica de Naciones Unidas para Asia y Lejano Oriente anuncia la riqueza energética que albergan las islas.	Naciones Unidas
1971	**Estados Unidos negocia con Japón la devolución de las Islas Ryukyu** En ese año llegarán a un acuerdo por el que al año siguiente Japón volverá a disponer bajo su soberanía las Ryukyu y las Senkaku. Algo que desencadenó una serie de protestas en China, pero especialmente en Taiwán.	Estados Unidos y Japón
1971	**China y Taiwán declaran su soberanía sobre las islas**	China y Taiwán
1972	**Estados Unidos retorna las islas Ryukyu a Japón junto a las islas Senkaku** Nombrándose explícitamente la devolución de las islas Senkaku.	Estados Unidos y Japón

Antecedentes e incidentes históricos sobre la soberanía de las islas Senkaku/Diaoyu		
1978	**Incidente civil por la reclamación de las islas** Una flotilla de barcos chinos se aproxima a las islas Senkaku. En contrapartida, un grupo ultranacionalista japonés (*Nihonseinensha*), construye un faro en la isla más grande del archipiélago en disputa.	China y Japón
1990	**Incidente al intentar un grupo nacionalista japonés restaurar el faro de 1978** Tal acción desencadena fuertes protestas en Taiwán.	Japón y Taiwán
1992	**Ley Sobre el Mar territorial y la Zona contigua** En referencia a su soberanía marítima y de las islas Senkaku/Diaoyu.	China
1996	**Incidente nacionalista por la reclamación de las islas** Un activista chino muere ahogado al intentar plantar una bandera china en las islas. Por su parte, los nacionalistas japoneses construyen otro faro.	China y Japón
2003	**China comienza a perforar los alrededores de las islas en busca de recursos energéticos** Tal acción fue llevada a cabo unilateralmente conllevando protestas de las autoridades niponas.	China y Japón
2004	**Incidente al desembarcar siete ciudadanos chinos en las islas**	China y Japón
2008-2013	**Incursiones de buques chinos en las islas** Desde 2008 embarcaciones chinas de carácter gubernamental han penetrado en la zona bajo tutela nipona. Siendo la de 2013 la incursión que más tiempo a permanecido en territorio japonés (14 horas). A ello se suma que a finales de 2012 un avión de la fuerza área china penetró en el cielo inherente a las Senkaku. Lo que Japón entiende como una estrategia para mermar la soberanía japonesa de las islas.	China y Japón
2010	**Incidente por el arresto de un pesquero chino por parte de Japón** La detención del pesquero y su tripulación que se encontraba en las aproximaciones de las Senkaku/Diaoyu supuso un grave incidente internacional. Japón liberó de inmediato a la tripulación salvo al capitán, al cual pretendían juzgar. No obstante, dadas las presiones chinas (incluidas las económicas), fue liberado sin cargos.	China y Japón
2012	**El Gobierno japonés anuncia la compra de tres de las islas que componen las Senkaku/Diaoyu tras distintos episodios ultranacionalistas chinos y japoneses** Episodio más tenso vivido entre ambas potencias dado el gran revuelo nacionalista que suscitó entre los contendientes. Situación que avivó sobremanera los fantasmas del pasado, amenazando la relación entre los dos países.	China, Japón y Taiwán
2013	**El Gobierno chino declara una Zona de Identificación de Defensa Aérea (ADIZ) que incluye las islas Senkaku/Diaoyu** La declaración de la ADIZ de manera unilateral ha supuesto una escalada de la tensión en la región, pues aparte de las Senkaku/Diaoyu también se superpone con el espacio aéreo surcoreano. Todo ello, ha llevado a la no aceptación de la misma por parte del resto de países (como refleja el vuelo de dos bombardeos estadounidenses y cazas japoneses y surcoreanos en dicha zona sin previo aviso a Pekín), con lo que ello supone.	China, Japón, Estados Unidos y Corea del Sur

Fuente: Elaboración propia a partir de Hall (1970); Beasley (1995); Gernet (2005); Bueno (2009); García Segura, Pareja Alcaraz (2010); López i Vidal (2010a, 2012); Kissinger (2012); Xulio Ríos (2013a); y, el *Ministry of Foreign Affairs of Japan* (MOFA).

9.2. IMÁGENES

9.2.1. Imagen de la isla Dejima (Deyima en castellano)

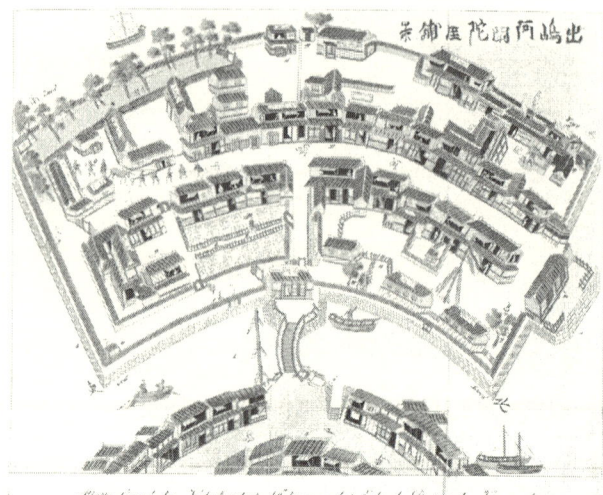

Fuente: Copia desde Toshimaya Bunjiemon en 1780 y publicada por Isaac Titsingh
en su obra *Bijzonderheden over Japan* (1825).

9.3. DOCUMENTOS

9.3.1. Los 14 puntos del pensamiento de Xi Jinping

Los 14 principios políticos del «pensamiento Xi[137]»
— Garantizar el liderazgo del Partido sobre todo el trabajo
— Comprometerse con un enfoque centrado en la sociedad
— Continuar con una reforma integral y profunda
— Adoptar una nueva visión para el desarrollo
— Ver que la sociedad es quien gobierna el país
— Garantizar que cualquier área de gobierno está basada en el derecho
— Defensa de los valores socialistas
— Garantizar y mejorar las condiciones de vida de la sociedad a través del desarrollo
— Garantizar la armonía entre el humano y la naturaleza
— Perseguir un enfoque global para la seguridad nacional
— Defender la absoluta autoridad del Partido sobre el Ejército popular
— Defender el principio de "un país, dos sistemas" y promover la reunificación nacional
— Promover la construcción de una sociedad de futuro compartido con toda la humanidad
— Ejercer un control total y riguroso del Partido

[137] Gil, Tamara (2014). «Los 14 principios políticos de Xi Jinping para convertir a China en super-potencia y que lo ponen a la altura de Mao Zedong». [en línea]. En *BBC Mundo*, 24 de octubre de 2017. URL:<https://www.bbc.com/mundo/noticias-internacional-41729175> [Consulta: 11 de mayo de 2023].

9.3.2. Documento de normalización de las relaciones entre China y Estados Unidos, encabezados por Zhou Enlai y Henry Kissinger respectivamente

Joint Communique of the United States of America and the People's Republic of China[138]

February 28, 1972

1. President Richard Nixon of the United States of America visited the People's Republic of China at the invitation of Premier Chou En-lai of the People's Republic of China from February 21 to February 28, 1972. Accompanying the President were Mrs. Nixon, U.S. Secretary of State William Rogers, Assistant to the President Dr. Henry Kissinger, and other American officials.
2. President Nixon met with Chairman Mao Tsetung of the Communist Party of China on February 21. The two leaders had a serious and frank exchange of views on Sino-U.S. relations and world affairs.
3. During the visit, extensive, earnest and frank discussions were held between President Nixon and Premier Chou En-lai on the normalization of relations between the United States of America and the People's Republic of China, as well as on other matters of interest to both sides. In addition, Secretary of State William Rogers and Foreign Minister Chi Peng-fei held talks in the same spirit.
4. President Nixon and his party visited Peking and viewed cultural, industrial and agricultural sites, and they also toured Hangchow and Shanghai where, continuing discussions with Chinese leaders, they viewed similar places of interest.
5. The leaders of the People's Republic of China and the United States of America found it beneficial to have this opportunity, after so many years without contact, to present candidly to one another their views on a variety of issues. They reviewed the international situation in which important changes and great upheavals are taking place and expounded their respective positions and attitudes.
6. The Chinese side stated: Wherever there is oppression, there is resistance. Countries want independence, nations want liberation and the people want revolution--this has become the irresistible trend of history. All nations, big or small, should be equal: big nations should not bully the small and strong nations should not bully the weak. China will never be a superpower and it opposes hegemony and power politics of any kind. The Chinese side stated that it firmly supports the struggles of all the oppressed people and nations for freedom and liberation and that the people of all countries have the right to choose their social systems according their own wishes and the right to safeguard the independence, sovereignty and territorial integrity of their own countries and oppose foreign aggression, interference, control and subversion. All foreign troops should be withdrawn to their own countries. The Chinese side expressed its firm support to the peoples of Viet Nam, Laos and Cambodia in their efforts for the attainment of their goal and its firm support to the seven-point proposal of the Provisional Revolutionary Government of the Republic of South Viet Nam and the elaboration of February this year on the two key problems in the proposal, and to the Joint Declaration of the Summit Conference of the Indochinese Peoples.
   It firmly supports the eight-point program for the peaceful unification of Korea put forward by the Government of the Democratic People's Republic of Korea on April 12, 1971, and the stand for the abolition of the "U.N. Commission for the Unification and Rehabilitation of Korea". It firmly opposes the revival and outward expansion of Japanese militarism and firmly supports the Japanese people's desire to build an independent, democratic, peaceful and neutral Japan. It firmly maintains that India and Pakistan should, in accordance with the United Nations resolutions on the Indo-Pakistan question, immediately withdraw all their forces to their respective territories and to their own sides of the ceasefire line in Jammu and Kashmir and firmly supports the Pakistan Government and people in their struggle to preserve their independence and sovereignty and the people of Jammu and Kashmir in their struggle for the right of self-determination.

---

[138]   Documento extraído del siguiente enlace: URL: <http://www.taiwandocuments.org/communique01.htm >

7. The U.S. side stated: Peace in Asia and peace in the world requires efforts both to reduce immediate tensions and to eliminate the basic causes of conflict. The United States will work for a just and secure peace: just, because it fulfills the aspirations of peoples and nations for freedom and progress; secure, because it removes the danger of foreign aggression. The United States supports individual freedom and social progress for all the peoples of the world, free of outside pressure or intervention. The United States believes that the effort to reduce tensions is served by improving communication between countries that have different ideologies so as to lessen the risks of confrontation through accident, miscalculation or misunderstanding. Countries should treat each other with mutual respect and be willing to compete peacefully, letting performance be the ultimate judge. No country should claim infallibility and each country should be prepared to reexamine its own attitudes for the common good. The United States stressed that the peoples of Indochina should be allowed to determine their destiny without outside intervention; its constant primary objective has been a negotiated solution; the eight-point proposal put forward by the Republic of Viet Nam and the United States on January 27, 1972 represents a basis for the attainment of that objective; in the absence of a negotiated settlement the United States envisages the ultimate withdrawal of all U.S. forces from the region consistent with the aim of self-determination for each country of Indochina. The United States will maintain its close ties with and support for the Republic of Korea; the United States will support efforts of the Republic of Korea to seek a relaxation of tension and increased communication in the Korean peninsula. The United States places the highest value on its friendly relations with Japan; it will continue to develop the existing close bonds. Consistent with the United Nations Security Council Resolution of december 21, 1971, the United States favors the continuation of the ceasefire between India and Pakistan and the withdrawal of all military forces to within their own territories and to their own sides of the ceasefire line in Jammu and Kashmir; the United States supports the right of the peoples of South Asia to shape their own future in peace, free of military threat, and without having the area become the subject of great power rivalry.

8. There are essential differences between China and the United States in their social systems and foreign policies. However, the two sides agreed that countries, regardless of their social systems, should conduct their relations on the principles of respect for the sovereignty and territorial integrity of all states, non-aggression against other states, non-in- terference in the internal affairs of other states, equality and mutual benefit, and peaceful coexistence. International disputes should be settled on this basis, without resorting to the use or threat of force. The United States and the People's Republic of China are prepared to apply these principles to their mutual relations.

9. With these principles of international relations in mind the two sides stated that:
   — progress toward the normalization of relations between China and the United States is in the interests of all countries
   — both wish to reduce the danger of international military conflict
   — neither should seek hegemony in the Asia-Pacific region and each is opposed to efforts by any other country or group of countries to establish such hegemony
   — neither is prepared to negotiate on behalf of any third party or to enter into agreements or understandings with the other directed at other states.

10. Both sides are of the view that it would be against the interests of the peoples of the world for any major country to collude with another against other countries, or for major countries to divide up the world into spheres of interest.

11. The two sides reviewed the long-standing serious disputes between China and the United States. The Chinese side reaffirmed its position: the Taiwan question is the crucial question obstructing the normalization of relations between China and the United States; the Government of the People's Republic of China is the sole legal government of China; Taiwan is a province of China which has long been returned to the motherland; the liberation of Taiwan is China's internal affair in which no other country has the right to interfere; and all U.S. forces and military installations must be withdrawn from Taiwan. The Chinese Government firmly opposes any activities which aim at the

creation of "one China, one Taiwan", "one China, two governments", "two Chinas", an "independent Taiwan" or advocate that "the status of Taiwan remains to be determined".

12. The U.S. side declared: The United States acknowledges that all Chinese on either side of the Taiwan Strait maintain there is but one China and that Taiwan is a part of China. The United States Government does not challenge that position. It reaffirms its interest in a peaceful settlement of the Taiwan question by the Chinese themselves. With this prospect in mind, it affirms the ultimate objective of the withdrawal of all U.S. forces and military installations from Taiwan. In the meantime, it will progressively reduce its forces and military installations on Taiwan as the tension in the area diminishes. The two sides agreed that it is desirable to broaden the understanding between the two peoples. To this end, they discussed specific areas in such fields as science, technology, culture, sports and journalism, in which people-to-people contacts and exchanges would be mutually beneficial. Each side undertakes to facilitate the further development of such contacts and exchanges.

13. Both sides view bilateral trade as another area from which mutual benefit can be derived, and agreed that economic relations based on equality and mutual benefit are in the interest of the peoples of the two countries. They agree to facilitate the progressive development of trade between their two countries.

14. The two sides agreed that they will stay in contact through various channels, including the sending of a senior U.S. representative to Peking from time to time for concrete consultations to further the normalization of relations between the two countries and continue to exchange views on issues of common interest.

15. The two sides expressed the hope that the gains achieved during this visit would open up new prospects for the relations between the two countries. They believe that the normalization of relations between the two countries is not only in the interest of the Chinese and American peoples but also contributes to the relaxation of tension in Asia and the world.

16. President Nixon, Mrs. Nixon and the American party expressed their appreciation for the gracious hospitality shown them by the Government and people of the People's Republic of China.

9.3.3. Carta del Emperador Qianlong (1735) a Jorge III (1760-1820)

Usted, Rey, vive más allá de los confines de muchos mares, sin embargo, impulsado por su humilde deseo de participar de los beneficios de nuestra civilización, ha despachado una misión para que respetuosamente trajera su memorial. Su enviado ha cruzado los mares y presentado sus respetos en mi corte en el aniversario de mi nacimiento. Para mostrar vuestra devoción, también me ha traído ofrendas de productos de vuestro país.

He leído con cuidado vuestro memorial: En los términos en que está elaborado revela una respetable humildad de vuestra parte, que es altamente digna de alabanza. En consideración a que vuestro embajador y su delegación hicieron un largo camino para traer vuestro memorial y tributo, les he mostrado una alta consideración y los he introducido a mi presencia. Para manifestar mi indulgencia, los he agasajado con un banquete y les he hecho numerosos regalos. Les he dado también presentes para ser entregados al Comandante Naval y a seiscientos de sus hombres y oficiales, a pesar de que ellos no vinieron hasta Pekín, así ellos también pueden apreciar que mi bondad llega a todas partes.

En cuanto a vuestra súplica de enviar a uno de vuestros nacionales para ser acreditado en mi Corte Celeste y tener el control del comercio de vuestro país con China, este pedido es contrario a todas las costumbres de mi dinastía y no hay posibilidad de concederlo. Es verdad que a algunos europeos, al servicio de la Dinastía, les ha sido permitido vivir en Pekín, pero ellos están obligados a adoptar vestimentas chinas, están confinados en sus propios precintos y no les está permitido regresar a sus hogares. Presumiblemente está usted familiarizado con nuestras reglamentaciones dinásticas. Vuestro supuesto enviado a mi Corte no podría estar en una posición similar a la de los funcionarios europeos empleados en Pekín, que tienen prohibido dejar China, ni tendrían, por otra parte, permitida la libertad de movimientos y el privilegio de mantener correspondencia con su propio país; por lo tanto no ganaría usted nada con su residencia en nuestro medio.

Por otra parte, nuestra Dinastía Celeste posee vastos territorios, y las misiones de tributo desde sus dependencias son previstas por el Departamento de Estados Tributarios, que atiende sus pedidos y ejerce un control estricto sobre sus movimientos. Sería imposible dejarlas a su propio arbitrio. Suponiendo que vuestro enviado viniera a nuestra Corte, su lenguaje y vestimenta diferiría de la de nuestro pueblo, y no habría lugar en el que recibirlo. Se podría sugerir que él puede imitar a los europeos que residen permanentemente en Pekín y adoptar las vestimentas y costumbres de China, pero no ha sido nunca el deseo de nuestra Dinastía forzar a la gente a hacer cosas inconvenientes y desusadas. Además, suponiendo que yo enviara a un embajador a residir en vuestro país ¿Cómo podría usted hacer posible para él los arreglos requeridos? Europa consiste de muchas otras naciones además de la vuestra: Si cada una de ellas demandara ser representada en nuestra Corte ¿Cómo nos sería posible consentir? La cuestión es completamente impracticable ¿Cómo podría nuestra Dinastía alterar su entero proceder y sistema de etiqueta, establecido desde hace más de un siglo, en orden a coincidir con vuestras opiniones individuales? Si se dijera que vuestro objetivo es ejercer control sobre el comercio de vuestro país, vuestros connacionales han tenido entera libertada para comerciar en Cantón desde hace muchos años, y han recibido la mayor consideración de nuestra parte. Portugal e Italia han enviado misiones con demandas similares. El Trono apreció su sinceridad y las colmó de favores, además de autorizar medidas para facilitar su comercio con China. No debe dudar acerca de ello: Cuando mi mercader de Cantón, Wu Chaopiung, estuvo en deuda con los barcos del extranjero, yo hice que el Hoppo [N. del T: funcionario chino a cargo del comercio en Cantón] adelantara el dinero comprometido, recurriendo al tesoro provincial, y le ordené que castigara severamente al culpable. ¿Por qué entonces las naciones extranjeras habrían de proponer el pedido completamente irracional de estar representadas en mi Corte? Pekín está a una distancia de dos mil millas de Cantón, y a tal distancia ¿Qué control podría ejercer cualquier representante británico?

Usted sostiene su que su reverencia por nuestra Celeste Dinastía lo llena de deseo de adquirir nuestra civilización, pero nuestras ceremonias y código legal difieren tan completamente de los vuestros que, aún si vuestro enviado fuera apto para adquirir los rudimentos de nuestra civilización, no podría usted trasplantar nuestras maneras y costumbres a vuestro suelo extranjero. Por lo tanto, aún cuando viniera vuestro enviado, nada se ganaría con ello.

Conociendo el vasto mundo, yo tengo solamente un objetivo específico en vista: mantener un gobierno perfecto y cumplir las tareas del estado. Los objetos extraños y costosos no me interesan. Si he ordenado que se acepte el tributo enviado por usted, Rey, fue solamente en consideración al espíritu que lo incitó a despacharlo desde tan lejos. La majestuosa virtud de nuestra dinastía ha penetrado en todos los países bajo el Cielo, y los reyes de todas las naciones han ofrendado sus valiosos tributos transportándolos por tierra y por mar. Como vuestro embajador puede apreciar por sí mismo, nosotros poseemos de todo. Yo no doy valor a los objetos extraños o ingeniosos, y no tengo uso para los productos de vuestro país. Esta es entonces mi respuesta a vuestro pedido de instalar un representante en mi Corte, pedido contrario a nuestras costumbres dinásticas, que únicamente puede resultar en inconvenientes para usted. He expuesto mis opiniones en detalle y ordenado a vuestra embajada de tributo partir en paz de regreso a su país. Si desea, Rey, respetar mis sentimientos y exhibir aún mayor devoción y lealtad en el futuro, hágalo por medio de una sumisión perpetua a nuestro Trono, de allí en más podrá asegurar paz y prosperidad a su país. Además de darles regalos a cada miembro de vuestra misión (de los cuales le adjunto un inventario) le confiero a usted, Rey, presentes valiosos en un número que excede el usualmente concedido en tales ocasiones, incluyendo sedas y una larga lista de curiosidades. Reciba estos presentes reverentemente y tome nota de mi benigna bondad hacia usted. Un especial mandato.

Usted, Rey, desde la lejanía ha anhelado las bendiciones de nuestra civilización, y en el por ser tocado por nuestra influencia transformadora ha enviado una embajada a través del mar trayendo un memorial. He tomado nota de vuestro respetable espíritu de sumisión, he tratado a vuestra misión con extremo favor y la he colmado de regalos, además de darle un mandato para usted, Rey, y honrarlo con el otorgamiento de valiosos presentes. Así se ha manifestado mi indulgencia.

Ayer vuestro embajador peticionó a mis ministros el recordarme cuidar el comercio entre Inglaterra y China, pero su propuesta no es consistente con nuestras costumbres dinásticas y no puede ser concedida. Hasta ahora, todas las naciones europeas, incluyendo a los mercaderes bárbaros de vuestro propio país, han llevado adelante en Cantón su comercio con nuestro Imperio Celeste. Tal ha sido el procedimiento por muchos años, si bien nuestro Imperio Celeste posee todas las cosas en prolífica abundancia y no carece de ningún producto dentro de sus fronteras. No hay, por lo tanto, necesidad de importar manufacturas de los bárbaros del exterior a cambio de nuestra propia producción. Pero como el té, la seda y la porcelana que produce el Imperio Celeste son absolutamente necesarios para las naciones europeas y para la vuestra propia, hemos permitido, como una señalada muestra de favor, que hongs [N. del T. firmas comerciales] extranjeras se establecieran en Cantón, de manera que vuestros pedidos puedan ser satisfechos y así vuestro país participar de nuestra caridad. Pero vuestro embajador ahora ha transmitido nuevos requerimientos que fallan completamente en el reconocer el principio del Trono de «tratar a los extranjeros con indulgencia», y ejercer un control pacífico sobre las tribus bárbaras exteriores. Por otra parte, nuestra Dinastía, teniendo en cuenta la gran cantidad de razas que hay sobre la tierra, extiende la misma benevolencia sobre todas. Vuestra Inglaterra no es la única nación comerciando en Cantón. Si otras naciones, siguiendo vuestro mal ejemplo, erróneamente importunaran mis oídos con ulteriores pedidos imposibles ¿Cómo sería posible para mí tratarlas con indulgencia? No obstante, no olvido la remota soledad de vuestra isla, separada del mundo por inmensos mares, ni descuido vuestra excusable ignorancia de las costumbres de nuestro Imperio Celeste. Consecuentemente, he ordenado a mis ministros instruir a vuestro embajador en la materia, y he ordenado la partida de la misión. Pero tengo dudas de que, luego del retorno de vuestro enviado, él pueda fracasar en transmitirle mi opinión en detalle o que él pueda carecer de lucidez, de manera que ahora procederé a emitir mi mandato sobre cada cuestión separadamente. De esta manera, confío, usted comprenderá mi intención.

1) Usted pide por una pequeña isla cerca de Chusan, donde vuestros comerciantes puedan residir y los bienes ser almacenados, proviniendo esto de vuestro deseo de desarrollar el comercio. Como no hay hongs extranjeros en o cerca de Chusan, donde ninguno de vuestros navíos nunca ha tocado puerto, tal isla sería útil solamente a vuestros propósitos Cada pequeña fracción del territorio de nuestro Imperio está marcada en el mapa y se ejerce una vigilancia estricta sobre todo él. Cada pequeño islote y banco de arena está claramente definido como parte de las provincias a las que pertenecen. Considere, además, que Inglaterra no es la única tierra bárbara que quiere establecer comercio con nuestro Imperio: Suponiendo que otras naciones imitaran vuestro mal ejemplo y me suplicaran darles a cada una un lugar para propósitos comerciales ¿Cómo podría yo cumplir? Esto también es una infracción flagrante de las costumbres del Imperio y no es posible que sea concedido.

2) El pedido siguiente, por un pequeño sitio en la vecindad de Cantón, donde vuestros comerciantes bárbaros se podrían albergar o, alternativamente, que no haya más restricciones a sus movimientos en Amoen, surge de las siguientes causas. Hasta ahora los comerciantes bárbaros de Europa han tenido asignada una localización en Amoen para residencia y comercio, y han tenido prohibido salir una pulgada fuera de los límites asignados para tal localización. Si estas restricciones fueran retiradas podrían ocurrir inevitables fricciones entre los chinos y vuestros sujetos bárbaros, y las consecuencias podrían ir en contra de la consideración benevolente que siento por usted. Desde todo punto de vista, entonces, es mejor que las regulaciones ahora en vigencia continúen sin cambiarse.

3) En cuanto al culto de vuestra nación por el Señor del Cielo, es la misma religión que la de otras naciones europeas. Desde el principio de la historia, sabios emperadores y grandes gobernantes, han implantado en China un sistema moral e inculcado un código que ha sido observado rigurosamente desde tiempos inmemoriales por los muchos millones de mis súbditos. No ha habido seguidores de doctrinas heterodoxas. Incluso los funcionarios europeos en mi capital tienen prohibido tener relaciones con súbditos chinos; están restringidos dentro de los límites de las residencias que se les han establecido, y no pueden ir por cualquier parte propagando su religión. La distinción entre chinos y bárbaros es muy estricta, y el pedido de vuestro embajador de que se conceda a los bárbaros total libertad para diseminar su religión es totalmente irrazonable.

Puede ser, Rey, que las propuestas antedichas hayan sido hechas erróneamente por vuestro embajador bajo su propia responsabilidad; o que, por desgracia, usted mismo es ignorante de nuestras regulaciones dinásticas y no tenía intención de transgredirlas expresando esas ideas y pedidos salvajes... Si, después de recibir este explícito decreto, usted presta oídos a las demandas de sus subordinados y permite a vuestros mercaderes bárbaros llegar hasta Chekiang y Tientsín, con el objeto de desembarcar y comerciar allí, las ordenanzas del Imperio Celeste son en extremo estrictas, y los funcionarios locales, tanto civiles como militares, están prestos para obedecer reverentemente las leyes. Desde el momento en que vuestros barcos toquen la costa, vuestros comerciantes pueden estar seguros de que nunca les será permitido desembarcar o residir allí, sino que serán objeto de una expulsión inmediata. En tal caso vuestros mercaderes bárbaros habrán hecho un largo viaje para nada.

colección

RENACIMIENTO DE ASIA ORIENTAL

Director: JAVIER MARTÍN RÍOS